KB140063

刺繡

_자 _수

COMPLETE COLLECTION OF GUIZHOU'S FOLK AND TRADITIONAL FINE ARTS

EMBROIDERY 1

중국귀주민족민간미술전집
자수 刺繡(上)

초판인쇄 2016년 4월 7일
초판발행 2016년 4월 7일

엮은이 류 옹
옮긴이 김숙향
펴낸이 채종준
기 획 박능원
편 집 이정수
디자인 조은아
마케팅 황영주

펴낸곳 한국학술정보(주)
주소 경기도 파주시 회동길 230(문발동)
전화 031 908 3181(대표)
팩스 031 908 3189
홈페이지 http://ebook.kstudy.com
E-mail 출판사업부 publish@kstudy.com
등록 제일산-115호 2000. 6. 19

ISBN 978-89-268-7162-1 94910
978-89-268-7074-7 (전 6권)

刺繡

자 수

上

류옹 劉雍 엮음
김숙향 옮김

중국귀주민족민간미술전집

한국학술정보

머리말

중국은 공예미술이 매우 발달한 나라이다. 그중에서도 중국 민간공예미술이 특히 발달한 곳은 귀주(貴州)라고 할 수 있다. 이 점에 대해서는 모두 의견일치를 보고 있다.

중국 공예미술은 반드시 계승되고 보존되어야 하지만, 역사적으로 매우 힘들게 생겨나고 유지조차도 어려웠다. 태생부터 운명이 평탄치 않았으나, 사회의 낙후로 인해 오히려 공예미술이 더욱 발전할 수 있는 계기가 마련되었다.

낙후란 경제적으로는 빈곤한 것을 말하고, 지리적으로는 오지를 나타낸다. 그리고 사회적으로는 상대에게 냉대나 핍박당하는 것을 말한다. 민간공예장인은 이 점에 대해서 결코 좋은 것은 아니라고 말하지만, 우리는 인정할 수밖에 없다. 낙후로 인해 민간공예미술이 자연적으로 생겨날 수 있는 환경이 조성되었기 때문이다.

중국에서 봉건사회는 계속해서 성장했을 뿐만 아니라 상당한 발전을 이룩하였다. 하지만 이러한 사회의 가장 불합리한 점은 좋고 훌륭한 것(예술을 포함한)은 항상 소수의 실권자가 우선으로 누린다는 것이다. 일반 대중이 이런 봉건사회의 불공정한 점을 개선하려고 한다면, 자신이 좋다고 생각되는 것을 직접 만들어서 스스로 누리는 방법밖에 없었다. 민간예술은 바로 이러한 봉건제도에 대한 반항심에서 생겨난 것이다. 일반대중은 훌륭한 예술품을 직접 만들어서 하층민들끼리 서로 전하여 민간공예미술을 확산시켰다. 황제는 황제의 것이 있듯이, 일반대중은 그들만의 것을 새롭게 창조한 것이다. 이것은 평민의 예술적 권리를 쟁취하기 위한 사회적 구현이라고 할 수 있다.

여러 세대를 지나는 동안 사람들은 훌륭한 조형(造型), 문양(紋樣), 색채구성을 최종적으로 만들어 냈다. 대대로 전해지는 것 중에서 고정된 패턴과는 다른 자수, 도화(挑花, 십자수), 도예, 목조, 칠기, 전지(剪紙)는 실제로 매우 진귀한 공예유산이라고 할 수 있다. 돌이켜 생각해 보면, 민간공예는 돌연 어느 한 시대에 이르러 중단되고 유실되었다. 바로 봉건사회가 종식되었을 때이다. 이 얼마나 애석하고 비통한 일인가! 정보의 보급과 교통의 발달은 다른 지역 사람들에게도 예술을 함께 누릴 기회와 권리를 제공하였지만, 지역주민이 즐길 만한 것은 존재하지 않았다. 이러한 상황은 환영할 일이지만, 동시에 우려할 만한 일이라고 할 수도 있다. 왜냐하면, 민간예술의 생태환경이 변해버려서, 사람들에게 홀대를 당하기 쉽기 때문이다. 일반적으로 사람들은 더 좋은 생활용품이 생기면, 예전 민간공예품은 홀대하게 된다. 하지만 나중에 그것의 소중함을 알아차리게 된다 해도 그때는 이미 사라지고 없을 것이다. 우리는 이러한 문제를 제대로 인식하여 현재 남아있는 민간공예를 잘 보존하고 계승해야 마땅하다.

귀주인민출판사가 바로 이러한 민간공예의 보존과 계승을 위해 앞장서고 있다.

귀주의 생태환경은 앞서 말한 민간공예미술의 생태환경과 흡사하여 다른 지역에 비해 상대적으로 민간공예가 잘 보존되어 있다. 수많은 선진 문명은 더욱 선진화된 문명에 의해 배척당하고 대체되어 결국에는 쇠락의 길로 접어들게 된다. 이러한 문화현상은 지도상에 나타나는 변두리 지역과 낙후된 지역으로 점차 이전해 가고 있다. 상·주대(商·周代)의 청동공예는 한때 인류문명의 찬란한 문화유산으로 자리 잡은 적이 있었다. 하지만 사회가 발전하게 되자, 당시 주류를 이루었던 이 공예미술은 점차 사라지게 되었다. 역사적으로 이와 유사한 수많은 공예미술이 있었지만, 모두 한때 잠시 유행히고는 사라지고 말았다. 하지만 이러한 현상을 달리 생각해 보면 장점으로도 볼 수 있다. 어떤 문명은 흥성했던 지역에서 외곽 지역으로 옮겨 가면서, 문명의 재생과 부흥의 기회를 얻게 되었다. 앞서 말한 상·주의 청동공예도 중원(中原) 지역에서 쇠퇴한 후에, 운남(雲南) 지역으로 옮겨가서 새로운 바람을 불러일으켰다. 이것으로 인해 청동공예는 운남문화의 중요한 성과 중 하나가 되기도 하였다. 현재 중국의 변두리 지역에는 수많은 고대문명의 유산이 잘 보존되고 있다. 주류 공예 문화가 민간공예 문화로 변하는 것은 결코 나쁜 것이 아니다. 단지 지리적 위치를 바꾸고 변화시켜 계속해서 계승하고 보존하기 위함이다. 민간공예를 연구하는 학자들은 이 모든 것들을 소홀히 해서는 안 될 것이다.

귀주에는 상당히 많은 중국 고대문명이 보존되어 있다. 원시 건축공예, 한대(漢代)의 도기제조공예, 당대(唐代)의 납힐(蠟纈)공예, 송대(宋代)의 조각공예, 청대(淸代)의 복식(服飾)공예 등이 있다. 또한 희곡(戱曲, 중국 전통극)의 활화석(活化石)이라고 불리는 가면공예도 귀주에 여전히 남아있다. 하지만 왜 이런 공예미술의 발원지는 현재 모두 종적을 찾아보기가 어려운 것인가? 이런 점에서 볼 때, 귀주에 중국 공예미술의 천연 생태환경이 잘 보존되어 있다는 것은 자랑할 만한 일이며 이제는 우리가 선택해야 할 때이다. 이런 전통이나 민간공예가 정말 우리에게 필요한 것인가? 만약 필요하다면 우리는 마땅히 이것을 보존해야 하고, 필요가 없다면 사라지든 말든 그냥 내버려 두면 된다. 이 질문에 대해 식견과 책임감이 있는 사람이라면 당연히 보존해야 한다고 답할 것이다.

보존의 첫 단계는 바로 민간공예의 미(美)를 널리 알려 모두의 관심을 불러일으키는 것이다. 귀주인민출판사는 먼저 이 일에 착수하였다. 이것은 대형 예술 프로젝트이므로 진행하는 사람의 책임감, 안목, 경험이 있어야만 실현 가능한 일이다. 설령 재정적으로 지원이 된다 해도 식견과 열정 없이는 불가능한 일이 될 것이다.

귀주는 산지가 많고 민족구성이 비교적 복잡한 지역이다. 그러한 이유로 이곳에서 중국 민간공예의 보존과 연구가 활발하게 진행되고 있다. 또한, 귀주는 항상 선봉의 역할을 하는 도시이기 때문에 앞장서서 민간공예를 보존하고 계승해 왔다. 귀주가 민간공예의 보존을 추진하지 않으면 역사적으로는 양심의 가책을 받을 것이고, 민족적으로는 부담감을 느끼게 될 것이다. 하지만 앞으로도 지속적으로 민간공예의 보존을 추진한다면 중국문화 영령(英靈)으로부터 무한한 격찬을 받을 것이다. 우리는 먼저 이런 마음을 표현하여야 한다.

2천여 점에 이르는 작품 사진을 직접 보게 되면, 우리는 막중한 책임감과 위안을 동시에 느끼게 될 것이다. 결국에는 누군가가 선봉에 서서 사명감으로 이 일을 시작해야 한다. 그렇게 되면, 다른 지역 사람들도 정교하고 아름다운 공예품을 감상할 수 있을 것이다. 민간공예품은 대부분 잘 알려지지 않은 노동자나 정규교육을 받지 못한 민간장인의 손에서 만들어졌다. 하지만 그 어떤 미의 법칙과 척도로도 흠잡을 수 없을 정도로 우리에게 감동을 주는 작품들이 많다. 이번 『중국귀주민족민간미술전집』 출간을 축하하며, 아울러 이 책의 출판에 참여해 준 국내외 학자와 성원을 보내준 분들께 감사의 마음을 전하고 싶다.

그동안 귀주에서는 이번에 출판한 전집뿐만 아니라, 소소하게 민간공예와 관련된 서적을 적잖게 출판했다. 하지만 우리는 여기서 만족할 수 없다. 중국에 있는 모든 성(省)과 자치구에서 단체를 조직하여 대대적으로 자료를 수집하고 정리한 후, 민간공예 관련 서적을 전집으로 출판할 수 있는 날이 오기를 고대한다. 그런 날이 오게 되면, 중국은 사라져 가는 민간공예미술품을 다시 접할 수 있을 것이다. 서적의 힘을 빌려 곳곳에 민간공예를 전파하게 되면, 이것을 즐기고 아끼는 사람들이 갑절로 늘어나게 될 것이다. 이것은 민간공예에 대한 정책적 지지와 사회참여, 보호활동을 위한 최소한의 첫걸음이라할 수 있다.

우리는 귀주가 민간공예미술을 전파하면서 아울러 귀주 전체 문화도 함께 전파하여, 이것이 이 지역의 핵심 이미지가 되기를 바란다. 이를 위해 보호라는 원칙과 전제하에 귀주에 있는 소수의 민간공예미술을 관광산업에 포함해서, 제한적으로 방출하고 구현하여 사회와 시대에 공헌하게 할 것을 제안한다. 이것은 또한 민간공예미술의 생존과 발전에 이바지할 수도 있다. 이번 전집을 출판하면서 성대한 출판기념회와 연구토론회뿐만 아니라 순회전도 개최할 것이다. 베이징, 상하이, 홍콩, 뉴욕 등지에서 전시회를 개최하여 전 세계 사람들 모두가 이 책의 매력에 흠뻑 빠져들게 될 것이다.

귀주 문화부는 유네스코에 귀주의 민간예술품이 인류문화유산으로 등재될 수 있도록 준비작업에 착수해야 한다. 이것과 더불어 귀주의 유명한 자연경관도 인류자연유산에 등재되도록 함께 준비를 진행해야 한다. 이와 관련된 예술학교와 연구기관은 귀주와 함께 민간공예미술이 발달한 지역에 연구소를 설립한 후, 프로젝트에 따라 책임자를 선별해서 연구를 활성화시켜야 한다.

앞으로 우리는 귀주 민간공예미술 발전을 위해 많은 관심을 가져야 할 것을 표명하며, 이것으로 서문을 마친다.

장정(張仃) · 추문(鄒文)

색실로 수놓은 역사시
-귀주민족 민간자수 개관

『중국귀주민족민간미술전집·자수』는 중국 귀주민족의 민간자수를 수집하여 정리, 분류 및 연구와 소개를 한 책이다. 귀주민족의 민간자수는 독특한 예술연원과 풍격을 가지고 있어 송·명(宋·明)시기 이후 중국의 주류 전통자수와는 다른 특징을 보여준다. 또한 귀주민족 민간자수는 오늘날 귀주 지역의 상품자수와는 확연히 다른 사회적 기능과 문화적 의의를 갖고 있다. 일부 민간자수는 마치 활화석처럼 춘추전국(春秋戰國)시대 초(楚)나라 자수의 예술풍격을 보존하고 있다는 점에서 매우 중요하다. 그 가운데 일부는 상·주·진·한(商·周·秦·漢)시기의 문물과 형식적으로 분명한 연관성을 찾을 수 있을 정도로 오래되었다. 그러나 무엇보다 귀주민족의 민간자수는 그림으로 쓰인 역사서라는 점에서 그 중요성이 더욱 크다. 귀주민족의 민간자수는 오색실로 수놓은 역사시(歷史詩)이자 인간의 몸을 관통하는 토템의 하나로, 귀주 지역에 거주하는 여러 민족의 역사·종교·문화를 기록해 놓은 것이다. 귀주 지역 사람들은 마치 족휘(族徽)처럼 민간자수 속에 자기 민족의 자아와 신분에 대한 의의를 담아 보존시켰고, 자유로운 정신과 예술재능을 발휘했다. 동시에 귀주민족의 자수는 중국문화의 다양성과 전 세계적으로 드문 예술적 완성도를 보여준다. 귀주 민족의 자수는 보편성과 예술성취가 지역마다 크게 다르다. 정교한 작품은 주로 몇몇 민족의 집단 거주지와 대대로 중앙 통치자의 통제가 약했던 지역에 집중되어 있다. 이 책은 지역·예술풍격·시기에 따라 귀주민족의 민간자수를 분류하고 작품별 제작 방법과 용도, 그리고 관련 역사·종교·민속·전통을 소개했다. 더불어 자수와 구전문학·가무(歌舞)·건축·납염(蠟染, 염색)·도화(挑花, 십자수)·전지(剪紙, 종이공예)와 같은 다른 민간예술과의 영향도 깊이 연구하여 독자들에게 참고자료로 제공하고 있다.

1. 중국자수와 귀주민족의 민간자수

자수는 실을 바늘에 꿰어 문양·도안·채색에 따라 방직물에 바느질하는 전통 수공예 가운데 하나이다. 옛날 사람들의 자수개념은 우리와 약간 다르다. 『주례(周禮)·동관고공기(冬官考工記)』에 이르길, "그림에 수를 놓는 일은 5색(色)을 섞는 것이다.…… 5색이 갖추어져야 자수라 일컫는다"라고 했다. 동한(東漢) 유희(劉熙)가 쓴 『석명(釋名)·석채백(釋彩帛)』에 또 "수(繡) 란, 수(修)이다. 문장을 꾸미는 것이다"라 했다. 이렇게 옛 사람들은 자수를 그림이나 글과 함께 다루고 있다. 그림의 일부분에 자수를 놓은 뒤 다시 붓으로 덧칠했다.[황능복(黃能馥), 『중국 미술전집·공예미술편·인염직수(印染織繡)』, 문물출판사, 1985년]

중국에서 자수공예의 역사는 길다. 『관자(管子)·경중갑(輕重甲)』에 이르길, "옛날 걸왕(桀王) 때 여악(女樂) 삼만 명이 아침부터 풍악을 울려 그 소리가 삼거리까지 들렸다. 이들은 모두 문양을 수놓은 옷을 입었고……"라 했다. 또 『태평어람(太平御覽)』은 『태공육도(太公六韜)』를 인용해, "하(夏)나라 걸왕과 은(殷)나라 주왕(紂王) 시기, 부녀자들은 수를 놓은 비단옷을 입었으니……"라 했다. 이는 하나라와 은나라 때 이미 자수가 흥성했음을 설명해준다. 『시경(詩經)·유풍(幽風)』에도 "용 그림 옷에 수놓은 치마(袞衣繡裳)"라는 말이 있고, 『진풍(秦風)·종남(終南)』에도 "수놓은 치마(繡裳)", 또 『당풍(唐風)·양지수(揚之水)』에 "흰 상의에 붉은 자수(素衣朱繡)"라는 구절이 등장한다. 의복의 자수문양은 아마도 원시부락의 문신이 발전된 형태일 것이다. 『상서(尙書)·우서(虞書)·익직(益稷)』에 보면 요(堯)·순(舜)·우(禹)왕 시기 "옷에 그림을 그리고 치마에 수를 놓는다(繪衣繡裳)"는 구절이 등장한다. 따라서 보통 순왕 때부터 수를 놓았다고 생각한다. 그러나 사실 자수의 기원은 아마 이보다 더 이른 시기일 것으로 추측한다."[손패란(孫佩蘭), 『중국자수사』, 북경도서관출판사, 2007년]

자수의 기원은 분명 방직보다 늦다. 바늘과 실, 재봉과 방직 기술이 어떻게 생겨났는지를 살펴보면 자수의 출현 궤적도 어렴풋이 파악할 수 있다. 10만 년 전, 산서성(山西省) 양고현(陽高縣) 허가요인(許家窯人)은 일종의 투척기인 비석소(飛石索)를 발명해 사냥에 이용했다. 이때 사용한 차승색(搓繩索)을 방직이 시작되기 전의 전주(前奏)로 보고 있다. 우리가 발견한 봉합도구는 1.8만 년 전 산정동인(山頂洞人)이 제작한 뼈바늘이다. 그 후 4.5만 년 전 요녕성(遼寧省) 해성현(海城縣) 소고산인(小孤山人)이 제작한 뼈바늘도 발견되었는데, 그 모양이 현대의 바늘과 비교했을 때 두껍고 크다. 전체길이는 65.8밀리미터이고 가장 넓은 부분은 4밀리미터가 못된다. 바늘은 사용한 흔적이 분명해 몸체와 바늘귀 부분이 마모되어 광택이 났다. 이것이 오늘날 발견된 최초의 뼈바늘이다. 중국인은 그때 이미 재봉을 시작했음을 알 수 있다. "짐승의 가죽을 꿰매기 시작하던 초기, 먼저 송곳으로 구멍을 뚫고 가느다란 끈을 넣었다. 이는 훗날 바늘에 실을 꿰어 봉합하는 기술로 발전했다.…… 뼈바늘은 인위기(引緯器)의 전신으로, 가장 원시적인 방직도구이다. 뼈바늘을 사용하면서부터 고대 중국인은 봉사(縫絲)를 제작했다.…… 직조기술은 물고기를 잡을 때 사용하는 그물과 광주리나 방석으로 사용하는 편제품에서 변화·발전했다."[주계정(周啟澂)·장탁(張鐸), 『중국대백과사전·방직·중국방직사』]『주역(周易)·계사(系辭)』에 보면, 복희씨(伏羲氏)가 줄을 묶어 그물을 만들어 물고기를 잡았다는 기록이 있고, 『회남자(淮南子)·범론(氾論)』에도 백여(伯餘)가 처음 삼베로 실을 꼬아서 그물모양의 옷을 지었다는 기록이 있다. 또 지금으로부터 8천8백여 년 전, 강서성(江西省) 만년선인동(萬年仙人洞)에서 지금까지 발견된 것 중 가장 오래된 줄무늬 조도(釉陶)가 출토되었다. 뿐만 아니라 북 모양, 원추형, 가락바퀴로 의심되는 구멍이 있는 원형석기도 출토되었다. 지금으로부터 8천5백여 년 전 하남성(河南省) 신정배리강(新鄭裴李崗)에서 도자기로 만든 가락바퀴가 나와 당시 원시 수공에 방직이 있었음을 설명해준다. 절강성(浙江省) 여요(餘姚) 하모도(河姆渡)에서 모시, 밧줄, 원시적인 거직기(踞織機) 부품을 발굴했다. 또 천을 말 때 쓰는 곤봉, 재단칼, 베틀북, 원통형 바늘과 돌이나 자기, 혹은 나무로 만든, 크기가 다른 가락바퀴를 발굴했다. 지금으로부터 무려 7천 년 전이지만 하모도의 방직기술은 점차 성숙해지고 있었다. 이때 제작된 뼈바늘은 오늘날의 바늘과 상당히 비슷하다. 그리고 거직기 부품도 현재 일부 소수민족이 사용하고 있는 옛날 방식의 방적기 부속과 매우 유사하다. 지금으로부터 6천3백여 년 전 강소성(江蘇省) 오현(吳縣) 초혜산(草鞋山)에서 야생 칡을 원료로 가로선으로부터 그어진 지문(指紋) 방직물이 있었다. 이것은 중국에서 현존하는 가장 오래된 방직물이다. 또 5천6백여 년 전 하남성(河南省) 형양시(滎陽市) 청태(青台)에는 평직 비단과 조직이 매우 성근 그물이 있었다. 이는 지금까지 황하(黃河)유역에서 발견된 가장 오래된 비단직물이다. 5천 3백여 년 전 절강성(浙江省) 오흥구(吳興區) 전산양(錢山漾)에는 명주끈과 명주실이 있었으니, 이는 지금까지 중국 장강(長江)유역에서 발견된 것 중 가장 오래된 견직물이다. "이로써 당시 중국은 상당한 수준의 제사(製絲) 기술과 견직 기술을 보유했음이 증명되었다."[황능복(黃能馥)·진연연(陳娟娟), 『중국대백과전서·문물박물관·중국고대사직품(中國古代絲織品)』] 전국(戰國)시대의 순황(荀況)은 『잠부(蠶賦)』에서 바늘의 연원과 재질 그리고 형태와 기능을 소개했다.

또 2003년 흑룡강성(黑龍江省) 의란(依蘭)에서 전국시대부터 한나라 때까지 사용했던, 뿔로 제작한 정교한 바늘 두 개가 출토되었다. 1975년 호북성(湖北省) 강릉(江陵) 봉황산(鳳凰山) 167호 한묘(漢墓)에서도 서한(西漢) 문경(文景)황제 때의 철재질 바늘이 출토되었다. 출토된 바늘의 굵기는 모두 균등하고 바늘 끝이 약간 부러졌으며 바늘귀는 좁고 작았다. 안에는 노란 실이 꿰어져있었다. 이 바늘은 현재까지 발견된 가장 오래된 철 침이다. 이처럼 중국인은 옛날부터 바늘, 실, 재봉, 방직기술을 보유했다. 그렇다면 자수의 발전은 어느 단계에서 진행된 걸까?

우리가 지금까지 볼 수 있는 가장 오래된 자수는 바로 1976년 하남성(河南省) 안양(安陽)의 상대(商代) 부호묘(婦好墓)에서 출토되었다. 동(銅)으로 만들어진 잔에 마름모 문양의 자수 흔적이 붙어 있었는데 바늘 자국이 고르고 가지런하며 분명하다. 1974년 섬서성(陝西省) 보계(寶雞) 여가장(茹家莊) 서주묘실(西周墓室) 3층 진흙에서 변자고(辮子股) 자수기법으로 만든 자수 흔적이 발견되었다. 누런 실로 염색된 비단 위에 각종 문양과 테두리를 수놓았고 붓에 물감을 묻혀 화문(花紋)에 큼직하게 색을 칠했다. 사용된 색상은 적색, 황색, 갈색인데 이중 적색과 황색은 천연유화수은과 석황을 섞어 색상이 선명하다.[진연연(陳娟娟), 『중국대백과전서·문물박물관·중국고대자수』] 2005년 중국의 10대 고고학 발견은 산서성(山西省) 강현(絳縣) 횡수(橫水) 서주묘(西周墓) 1호묘에서 나온 10제곱미터의 붉은 비단 장막이다. 장막의 가장자리에 금색으로 커다란 봉황새가 매우 정교하게 수놓아져 있다. 이것이 오늘날 우리가 볼 수 있는 현존하는 가장 오래되고 보존이 잘 되었으며 면적이 큰 장막인 동시에 가장 오래된 자수품이다.

춘추전국시대 중국의 자수공예는 높은 수준으로 발달하여 귀족과 궁녀, 심지어 애완동물의 생활장식으로 자리 잡는다. 『국어(國語)·제어(齊語)』에 양공(襄公)의 옷에는 반드시 자수를 놓았다는 구절이 있다. 또『전국책(戰國策)·제책(齊策)』에서 노중련(魯仲連)은 맹상군(孟嘗君)에게 이렇게 말했다. "당신의 마구간에는 말이 백 승(乘)이고 비단옷을 입지 않은 자가 없습니다." 춘추시대부터 한대(漢代)에 이르기까지 제(齊)나라와 노(魯)나라의 자수는 정교하고 아름다워 세상의 모자, 띠, 옷, 신발은 모두 제나라 땅에 의지했다는 말이 나올 정도였다. 한대 학자인 왕충(王充)은 『논형(論衡)·정재편(程材篇)』에서, "집안의 여자는 모두 자수를 놓을 줄 알았다"라고 했다. 춘추전

섬서성(陝西省) 보계시(寶雞市) 여가장(茹家莊)에서 발굴된 서주(西周) 전기 순장묘(殉葬墓) 속의 변자고[辮子股, 쇄수(鎖繡)] 자수법 흔적

국시대 초(楚)나라도 비단의 성지(聖地)였다. 『사기(史記) · 골계열전(滑稽列傳)』에 "초나라 장왕(莊王) 때 왕이 좋아하는 말이 있었는데, 말에게 무늬 있는 비단으로 옷을 지어 입혔다"라는 기록이 있다. 1983년 하남성(河南省) 신양시(信陽市) 광산현(光山縣) 춘추시대 초기 황국귀족묘에서 절곡문(竊曲紋) 쇄수(鎖繡)가 출토되었는데 바느질 자리가 정연하고 실도 매끄럽다. 또 1958년 호남성(湖南省) 장사시(長沙市) 열사(烈士)공원 3호 목곽초묘(木槨楚墓)와 1982년 호북성(湖北省) 강릉현(江陵縣) 마산(馬山) 1호 초묘(楚墓)에서 출토된 아름다운 자수는 고급스럽고 화려하다. 특히 마산 1호 초묘에서 출토된 전국시대 중후기의 작품은 감탄을 자아낼 정도이다. 용 · 봉황 · 호랑이 문양을 수놓은 그물 옷, 봉황 · 새 · 화초를 수놓은 담황색의 면 두루마기, 똬리를 틀고 있는 용과 나는 봉황새를 수놓은 담황색 이불, 봉황새가 뱀을 밟고 있는 문양의 붉은 갈색 가을 옷, 용과 봉황의 몸이 붙어 서로를 감고 있는 문양의 자수가 대표적인 작품이다. 당시 사람들의 신앙과 풍습 그리고 초나라 문화의 열정과 낭만을 다양한 각도에서 반영했고, 부드럽고 화려한 색채에 정교한 구도를 갖추고 있다. "사실적인 형태와 변형된 형태가 공존한다. 여러 동물을 그대로 그리거나 혹은 여러 동물을 합체했으며, 동물과 식물의 몸이 함께 자라는 모양이다." "각종 도안과 문양의 주요 부분은 대체로 여러 번의 쇄수로 완전히 뒤덮었다. 어떤 부분은 한 줄 또는 여러 줄의 쇄수를 나란히 놓아 성근 선을 만들었다.…… 붓으로 색을 덧칠한 흔적은 발견되지 않았고 모든 작품은 바늘에 색실을 꿰어 색을 입혔다. 이는 당시의 쇄수를 운용하는 기술이 비교적 성숙했음을 알려준다."[손패란(孫佩蘭), 『중국자수사』, 북경도서관출판사, 2007년] 이렇게 색을 칠하지 않은 자수는 자수 공예의 성숙을 의미한다.[진연연(陳娟娟), 『중국대백과전서 · 문물박물관 · 중국고대자수』]

한대(漢代)의 자수 기술은 고도로 발전하여 그 사용범위가 더욱 확장되었다. 자수는 옷 · 장막 · 이불 · 베개 · 주머니와 같은 생활용품을 장식하는 데에서부터 궁궐의 담장을 꾸미는 데에까지 사용되었다. 상품 생산이 활발해지면서 한대에 전문 자수사가 출현했다. 황제와 귀족, 고위 관료들뿐 아니라 신흥 상인과 주변 민족의 통치자까지 의복에 자수를 놓아 장식하는 일이 흔했다. 한대의 자수는 변수법(辮繡法)이 주요한 기법이었다. 오직 장사(長沙) 마왕퇴(馬王堆) 서한묘(西漢墓)에서 출토된 "바둑 문양 자수만이 평수(平繡) 가운데 직침(直針)기법과 약간의 접침(接針)기법으로 만들었고, 나무 문양은 직침

마왕퇴(馬王堆) 1호묘에서 출토된 'T'자 비단 그림

으로 가득 채웠다."[황능복(黃能馥), 『중국미술전집·공예미술편·인염직수(印染織繡)』, 문물
출판사, 1985년] 한대 자수의 문양은 비단이나 칠기의 도안과 비슷
하다. 구름이나 날짐승 또는 길짐승을 위주로 한다. 그러나
표현 수법은 더욱 자유로워졌다. 하북성(河北省) 회안(懷安) 동한
(東漢) 오록충묘(五鹿充墓)에서 출토된 자수에는 구름, 산, 인물, 날
짐승, 길짐승과 같은 문양이 있었다. 신강(新疆) 민풍(民豊)에서
출토된 동한(東漢)시기의 자수는 운문(雲紋)과 수유문(茱萸紋)뿐 아
니라 독특한 현지의 특징을 담은 변형된 화조문(花鳥紋)이 있었
다. 마왕퇴 1호 서한묘에서 출토된 자수품은 주로 운문을 위
주로 구름과 용, 구름과 봉황, 수유나무와 함께 꾸며 아름다
운 문양을 구성했다. 게다가 변형된 식물과 꽃잎, 그리고 기
하학적 문양도 있다. 문양은 가득하고 구도는 정밀하며 변화
도 다양하다. 선의 흐름은 매끄럽고 바늘땀도 고르며 능숙하
다. 사용된 실이 많게는 14종에 달하는데 모두 3색에서 5색
선으로 나뉜다. 변자고(辮子股)기법으로 가득 채웠고 진홍색,
주홍색, 적토색, 황토색, 녹두색, 남색과 배합하여 출토 당시
색깔과 광택이 새것처럼 눈부시게 빛났다. 서한시대에는 수
유나무, 용, 봉황을 수놓은 부장품으로 장수와 건강을 기원
했다. 이런 장식을 장수수(長壽繡)라고 한다. 변형된 제비를 수
놓으면 약속한 날에 돌아온다는 뜻이 있는데, 이를 신기수(信
期繡)라 한다. 봉황이 구름을 타는 모양을 수놓아 무한한 꿈과
기대를 담았는데, 이를 승운수(乘雲繡)라고 한다. 여기에 고대
인의 지혜와 낭만이 엿보인다. 이처럼 정교하고 아름다운 자
수품은 한나라 때 염직자수의 수준이 최고에 달했음을 충분
히 보여주고 있다.

그런데 더 놀라운 일은 춘추전국시대 초묘(楚墓)에서 출토
된 자수 가운데 쇄수(鎖繡)와 변수(辮繡)를 발견했다는 점이다.
이 두 자수기법은 오늘날 귀주 지역 소수민족 여성들이 여
전히 사용하고 있다. 그렇기에 이들의 자수와 초나라의 자
수는 제작 방법과 재료, 그리고 예술풍격 면에서 의외의 유
사성을 보여준다. 아울러 귀주 혁가(僙家)의 배선(背扇, 아기띠)이나
묘족(苗族)의 관수(貫首)는 마왕퇴 한묘에서 출토된 비단 그림의
형상과 똑같은 'T'자형이다. 또 척우조문(鵲宇鳥紋)과 초나라 자
수 봉문(鳳紋) 역시 상당히 유사하다. 이것이 단지 우연일까?
귀주의 시동식(施洞式) 묘수(苗繡) 중 머리가 두 개 달린 새 조형
과 하모도(河姆渡)문화에서 보이는 상아에 조각된, 머리가 두
개 달린 새 모양 역시 상당히 비슷하다. 또한 호문(虎紋)도 청
동기에 새겨진 도철문(饕餮紋)을 닮았다. 이 역시 우연일까? 이

귀주(貴州) 혁가(僙家) 자수 'T'자형 배선(背扇)

초수(楚繡) 봉조문(鳳鳥紋)

묘수(苗繡) 척우조문(鵲宇鳥紋)

상(商)나라 정(鼎)에 새겨진 도철문(饕餮紋)

시동식(施洞式) 묘수(苗繡) 안의 호문(虎紋)

러한 의문은 『귀주성지(貴州省志)·민족지(民族志)』에서 답을 찾을 수 있었다. 묘족은 고대의 구려(九黎), 삼묘(三苗), 남만(南蠻)과 밀접한 관계가 있었다.…… 지금으로부터 5천여 년 전 양자강 중하류와 황하 하류 일대에 형성된 부락이 있었으니, 그것이 바로 구려이다.…… 요(堯)·순(舜)·우(禹) 시기에 구려 부락에는 새로운 부락인 삼묘가 형성되었다. …… 상·주(商·周) 시기 삼묘의 주요 부락은 양자강 중류에 거주했는데 다른 부락과 함께 남만으로 불렸다(형초(荊楚)라고도 함). 남만 부락이 계속 커지면서 초나라를 이루는 주요 주민이 되었다.…… 구려·삼묘·남만·형만 사이에는 같은 연원관계가 이어진다. 그들은 서로 다른 시기의 묘족 선조인 셈이다.

위·진·남북조(魏·晉·南北朝)시기에 중국 자수 공예는 전환기로 접어든다. 남북조시기에 불교가 유입되면서 자수불상이 출현했다. 1965년 감숙성(甘肅省) 돈황(敦煌) 막고굴(莫高窟) 125와 126동굴 앞 갈라진 벽 속에서 북위(北魏) 광양왕(廣陽王) 태화(太和) 11년(487년)의 자수불상 잔편이 발견된 것이다. 정중앙에 불상을 자수로 장식했고 오른쪽에는 보살을, 아래 정중앙에는 발원문을, 좌우로는 공양하는 사람들을 수놓았다. 현재 남은 건 네 명의 남성과 한 명의 여성인데 모두 호복(胡服)을 입고 몸 주변에 각각 낙관을 수놓았다. 가장자리는 인동구배문(忍冬龜背紋)으로 장식했고 두 가지 색을 섞어 사용했다. 가장자리뿐 아니라 바탕에도 가득 수를 놓았는데 이는 현존하는 가장 오래된, 또 가장 장식적인 느낌이 강한 작품이다.[진연연(陳娟娟), 『중국대백과진서·문물박물관·중국고대자수』] 회화의 영향을 받으면서 자수의 도안에도 꽃과 새 위주의 사실적인 묘사가 나타나기 시작했다. 이로 인해 바느질 기법에도 평수(平繡)나 결자수(結子繡)가 주를 이루었다.…… 실의 배색도 점점 복잡해지기 시작했다. 벽융(擘絨)기법이 출현했으니, 이는 실을 몇 가닥으로 나눈 뒤 색이 다른 실을 하나로 꼬아 여러 색을 가진 실을 만드는 것이다.…… 이렇게 하면 사물의 형상을 더욱 잘 표현할 수 있었다.[주배초(朱培初), 『중국의 자수』, 인민출판사, 1987년] 남북조시기에 출현한, 이런 종류의 장식적인 작품들의 선도자로 거론되고 있는 이는 오(吳)나라의 조(趙) 부인이다. 진(晉)나라 사람 왕가(王嘉)는 『습유기(拾遺記)』 권8에서 다음과 같이 기록했다.

"오나라의 조 부인은 승상(丞相) 달(達)의 누이이다. 그림을 잘 그렸는데 그 신묘함은 비할 데가 없었다. 손가락 사이에 색실을 끼고 구름, 노을, 용, 뱀이 그려진 비단을 짜는데 크게 짜면 한 자가 넘고 작게 짜면 한 치도 안 된다. 궁에서 그

북위(北魏) 「연주구배인동문수(聯珠龜背忍冬紋繡)」 일부분

녀를 기절(機絶)이라 불렀다. 위(魏)와 촉(蜀)이 평정되지 않자 손권(孫權)은 군대가 쉬는 틈에 화공을 불러 산천지세와 군대 진영의 형세를 그리게 했다. 부인이 말하길, '단청의 색은 쉽게 바래 오래 보존할 수 없습니다. 제가 자수를 놓을 수 있으니 여러 나라를 사각 비단에 수놓고 산과 바다, 도시와 시골의 행군 지세를 적겠습니다.' 이에 완성하여 오(吳)나라 군주에게 진상하니 사람들이 그것을 일러 '침절(針絶)'이라 했다."

이러한 까닭에 조 부인은 '자수화(刺繡畵)의 선조'라고 불린다. 반면 『서부묘족사시(西部苗族史詩)』에 따르면 묘족의 선조가 5천여 년 전 황하와 양자강을 떠나 대규모 이동을 할 때 고향을 영원히 기억하기 위해 고향의 모습을 수놓았다고 한다. 그렇다면 묘족의 선조야말로 진정한 '자수화의 선조'라 할 수 있다. 삼국(三國) 시기, 촉(蜀)나라의 촉금(蜀錦)과 촉수(蜀繡)는 천하에 이름을 날렸다. 동진(東晉)의 상거(常璩)는 『화양국지(華陽國志)·촉지(蜀志)』에서 촉금과 촉수는 촉나라의 보물이라고 칭송했다. 또 『화양국지』와 『여평부지(黎平府志)』의 기록에 의하면, 삼국시기 제갈량(諸葛亮)은 촉금을 검동(黔東)과 검동남(黔東南)의 소수민족에게 주었고 기술도 전수해주었다고 했다. 훗날 촉금의 특징을 흡수해 오색의 융금(絨錦)을 만들어 무후금(武侯錦)이라고 불렀다.[오숙생(鳴淑生)·전자병(田自秉), 『중국염직사(中國染織史)』, 상해인민출판사, 1986년] 청(清) 광서(光緖)연간의 『서영영녕청현합지(敘永永寧聽縣合志)』에 이르길, "사천(四川) 남쪽의 묘족 여성들은 오색실로 수놓은 화문(花紋)이 있고 오색 능라(綾羅)를 박아 넣어 만든 것이 있는데, 이를 묘금(苗錦)이라 불렀다"라고 했다. 청나라의 애필달(愛必達)이 지은 『검남지략(黔南識略)』 권12에는 검남 묘족에 대해 다음과 같이 적혀있다. "여성들은 은색 꽃 머리장식, 큰 고리모양의 귀걸이와 은으로 만든 목걸이를 찼으며 많이 할수록 부유하다고 여겼다. 이들이 자수 놓은 천을 두고 묘금이라 불렀다." 한·진(漢·晉)시기부터 명·청(明·清)에 이르기까지 귀주 소수민족은 방직과 자수를 함께 사용했고 귀주 소수민족이 촉금의 기술을 익히면서 촉수의 기술까지 배웠음을 추측해 볼 수 있겠다.

수·당(隋·唐)시기 불교가 유입되면서 자수공예는 비단 위에 꽃을 더하는, 금상첨화(錦上添花)격으로 사용되있다. 또한 불경과 불상에도 널리 이용되었다. 당(唐)나라 때 자수는 실용적인 영역에서 장식적인 영역으로 확장되는 양상을 보여준다. 자수공예는 기능적인 부분에서 새로운 국면을 열었고 그로부터 직금(織錦)공예는 점차 분리되어 독립적인 예술형식이

당대(唐代) 자수 모란향낭(牡丹香囊) 일부분

당대(唐代) 자수 방석[拜墊]

되었다. 자수기법 역시 전에 없던 발전을 이루어 변수(辮繡)를 비롯한 다양한 기법들이 만들어졌다. 예를 들면, 창침(戧針), 수화침(散和針), 찰침(紮針), 축침(蹙針), 곤침(滾針), 평금(平金), 반금(盤金), 정금박(釘金箔)과 같은 기법들이다. 수많은 자수품에서 인물의 윤곽은 변자고(辮子股)에서 발전한 절침(切針)을 사용했다. 인물의 형태와 의복은 직침(直針)과 전침(纏針)으로 수놓은 다음 평금선으로 가늘게 수놓아 장식했다. 인물의 얼굴, 손과 같은 세부적인 부분은 짧은 투침(套針)으로 신체의 다양한 변화를 표현했고, 다시 창침(戧針)과 투침(套針)을 사용해 깊은 곳에서 얕은 곳으로 점차 변화하는 색상을 표현했다.(오숙생·전자병,『중국염직사』, 상해인민출판사, 1986년) 돈황(敦煌)을 대표로 하는 실크로드를 따라가면 각지에서 출토된 자수품들을 만날 수 있다. 예를 들면, 돈황 천불동(千佛洞)의 자수불상, 자수가사(袈裟) 그리고 모란·원앙 자수향낭 등등과 섬서성(陝西省) 법문사(法門寺)의 축금수(蹙金繡)로 된 가사, 덮개, 방석, 반팔, 치마 및 다양한 색상의 문양을 한 보자기와 자수로 장식된 옷이 대표적이다. 이처럼 대담하고 화려하며 아름다운 자수품은 당대(唐代)에 자수가 사람들에게 존중받는 예술수준을 이루었음을 보여준다. 여기서 특히 주목할 만한 점은 당나라 때 귀주 소수민족 자수의 예술풍격과 중원지역의 자수는 이미 완전히 달라졌다는 점이다. 물론 당나라 때 귀주 소수민족 자수의 실물이 아직 발견되지는 않았지만 북송(北宋) 초기 이방(李昉)이 쓴『태평광기(太平廣記)·화이(畫二)』의 기록과 북송(北宋) 곽약허(郭若虛)의『도화견문지(圖畫見聞志)』의 다음과 같은 기록을 보면 대략적인 면모를 알 수 있다.

"당나라 정관(貞觀) 3년에 동만(東蠻)의 사원심(謝元深)이 조정에 들어왔다.…… 중서시랑(中書侍郞) 안사고(顔師古)가 상소에 올리길, '……지금 천자의 덕이 미치는 곳에 만국의 사신이 찾아오니 풀을 수놓은 옷과 새를 수놓은 깃발을 들고 모두 이민족의 숙소에 모여 있습니다. 실로 그들의 모습을 그림으로 그려 후대에 전해 먼 곳까지 편안하게 한 덕을 밝힐 만합니다'라 했다. 이에 황제가 그 말을 따라 염립덕(閻立德)에게 명해 그들을 그리게 했다."

여기서 말한 동만이 바로 오늘날의 검동남(黔東南)과 검남(黔南) 일대이다. 이상의 기록을 통해 우리는 당시 귀주 소수민족 자수에 새 도안이 많았고 색채도 다양했으며 중원지역과는 확연히 다른 풍격을 가지고 있었음을 알 수 있다. 그렇지 않다면 당시 조정에 신선한 느낌을 주지 못했을 것이다. 현재 검동남은 모두 류강(柳江) 유역이다. 자수를 주요 장식으로 제작한 묘족(苗族)의 백조의[百鳥衣, 묘족의 고장복(鼓藏服)]와 동족(侗族)의 호생복(蘆笙服)은 소수민족의 유풍으로 전해진다.

당대(唐代)부터 송대(宋代)에 이르기까지 자수는 감상용과 실용으로 나뉘어 나란히 발전했다.[황능복(黃能馥), 『중국미술전집 · 공예미술편 · 인염직수(印染織繡)』, 문물출판사, 1985년] 당대의 자수 불상과 불경은 송대 서화(書畫) 자수의 시작을 열었으니, 송대 감상용 자수는 예술가들의 서화를 본떠 만들기 시작했다. 특히 세밀화는 송대 감상 자수예술의 주류이다. 당시 수많은 자수예술가들은 서화 작가의 작품을 모방하는 일을 능사로 여겼다. 원작과 똑같이 모방할 뿐 아니라 감상적 측면에서 보면 원작 그림을 능가하기도 했다. 동기창(董其昌)의 『균청헌비록(筠淸軒秘錄)』에 다음과 같은 기록이 있다.

"송나라 사람의 자수는 바늘과 실이 세밀하다. 실은 한두 가닥만 쓰고 바늘은 머리털만큼 가늘다. 색상은 정교하고 아름답다. 산수는 멀고 가까운 맛이 있고 누각은 그윽한 형상이며 인물은 생동적인 느낌이 있고 꽃과 새는 아름다운 형태가 지극하니, 훌륭한 자수품은 그림보다 낫다."

고렴(高廉)의 『연간청상전(燕閒淸賞箋)』에도 "송나라 사람의 산수 · 인물 · 누대 · 화조를 수놓은 그림은 바늘과 실이 세밀하고 가장자리 봉합을 드러내지 않는다. 채색과 염색도 그림에 비해 더욱 아름답다"라고 했다. 오늘날 남아있는 수많은 송대 자수작품을 통해 이상의 기록이 조금도 과장되지 않았음이 증명된다. 송대 화수(畫繡)는 그 기교가 다른 시대와는 견줄 수 없을 정도로 최고에 도달했던 것이다. 서화를 모방한 자수는 자수공예의 수준도 높아야 했다. 그로 인해 세밀한 침법과 다층적인 색 사용에 관한 자수기술도 빠르게 발전했다. 이러한 까닭에 송대 자수는 기법상 청대(淸代) 자수의 거의 모든 침법을 개발해냈다. 동시에 사실을 바탕으로 한 송대의 자수 문양은 명 · 청대(明 · 淸代)의 공예미술에 큰 영향을 주기도 했다.[황능복, 『중국미술전집 · 공예미술편 · 인염직수』, 문물출판사, 1985년] 그러나 서화에 의지해 발달된 송대 자수는 예술적 기교는 뛰어날지언정 자수 자체가 가진 재료특징과 공예특징은 거스를 수밖에 없다. 자수의 독립성과 독창성을 상실한 송대 자수로 인해 중국 자수는 예술적 가치가 변화되었다. 송대 자수는 명 · 청대 자수에도 큰 영향을 끼쳤기 때문에, 이처럼 서화를 모방하는 송대의 풍조가 중국 주류 감상 자수의 예술풍격을 송대 이전과 완전히 다르게 만든 셈이다. 송대는 유학을 숭상했다. 유교 문인들은 사회 전체의 학술과 사상

송대(宋代) 자수화 「요태과학도(瑤台跨鶴圖)」 일부분

을 통제하면서 각종 예술의 심미관을 단일화, 집중화시켰고 그로부터 다원성은 약화되었다. 중국 주류 자수의 예술풍격 변화는 사실 중국 고대봉건사회의 중앙집권화로 인해 자연스럽게 생겨난 하나의 모습이다.

그러나 송대의 귀주(貴州)는 정치 · 경제 · 문화의 변두리 지역이었다. 게다가 산세가 높고 길은 험해 교통이 편리하지도 않았다. 현재 남아있는 문헌에서 당시 소수민족의 복식을 묘사한 부분을 보면, 소수민족의 자수가 송대 주류 자수의 영향을 적게 받았음을 알 수 있다. 『송사(宋史) · 만이(蠻夷)』의 기록을 보자. "지도(至道) 원년(995년) 서남(西南) 장가(牂牁)의 여러 오랑캐가 특산품을 가져와 조공했다. 태종이 그 사신을 알현하시고 현지의 풍속을 묻자 역관이 대답하길, '의주(宜州)에서 육로로 가면 45일이 걸립니다. 토양은 오곡이 자라기에 적합하며 메벼를 많이 심습니다.'라 했다.…… 이전의 기록과 약간 다른 것이 있어 적었다. 본국의 가무를 명하니 한 사람이 모기 소리 같은 표생(瓢笙)을 불었다. 한참 뒤 수십 명이 소매를 잡고 돌면서 춤을 추고 발을 구르며 박자를 탔다. 그 곡명을 물으니 답하길, 수곡(水曲)이라 했다. 사신은 십여 명이고 시종이 천 명이 넘었다. 그들은 모두 덥수룩한 머리에 얼굴이 검어 마치 원숭이 같았다. 사신들은 호랑이 가죽으로 만든 털옷을 입고 호랑이 꼬리를 머리에 꽂아 장식했다."

이 기록을 통해 우리는 북송시기에 장가(牂牁), 즉 지금의 귀주성 여러 민족이 태종을 알현하던 상황과 당나라 때 사원심이 태종을 알현하던 상황이 크게 다르지 않다는 사실을 알 수 있다. 이로써 귀주 소수민족의 원시 토템의식이 강하게 반영된 '훼복조장(卉服鳥章)'은 송나라 때도 여전히 그들의 민족을 나타내는 하나의 표식이었음을 알 수 있다. 그들의 복식 스타일과 자수 문양은 예술 풍격 면에서 중원지역에서 전해지던 것과는 확연히 다른 특징을 지녔던 것이다.

원대(元代)의 통치계급은 자수를 많이 사용했다. 조정은 대도인장총관부(大都人匠總管府)에 수국(繡局)을 세웠는데, 수공(繡工)을 관리하는 이가 수천 이상이었다. 노예제 생산방식을 실행한 원나라는 황실에서 사용하는 자수를 전문적으로 제작했고 관복을 9등급으로 나누고 자수를 많이 사용했다. 심지어 황제가 명령을 내리는 조서에도 위엄을 표현하기 위해 자수로 장식했으니 실로 새롭다고 할 수 있다. 원대의 자수는 생필품, 감상, 종교적인 물건에도 사용되었다. 또 자수에 금과 은

'훼복조장(卉服鳥章, 풀을 수놓은 옷과 새를 수놓은 깃발)'을 착용하는 유풍이 남아있는 귀주 월량산(月亮山) 지역의 묘족

을 사용한 고가의 자수가 유행했다. 그러나 조정에서 민간 자수의 금실 사용을 금지시켰다. 조정은 또 적백색, 갈색, 자색, 녹색, 홍색 사용을 금지했고 일월봉황(日月鳳凰), 오조룡(五爪龍), 사조룡(四爪龍)을 수놓은 도안을 사용하지 못하게 했다. 원(元) 지정(至正) 26년(1366년)에 자수로 제작된 10,752자의 「묘법연화경(妙法蓮華經)」은 앞뒤 불상과 호법(護法)에 모두 수를 놓았다. 바느질이 복잡하며 사용된 색상만 해도 14종에 달한다. 게다가 금실과 금박, 도금도 많이 사용해 원대 자수의 보물로 만인의 인정을 받고 있다. 원대 자수의 예술풍격은 거칠다. 송대 화수(畵繡)를 본받으면서 색을 사용함에 우아해졌지만 공예의 수준은 송대의 정밀함에 미치지 못했다. 『청비장(淸秘藏)』의 기록을 보면, "원나라 사람들은 약간 두꺼운 실을 썼고 바느질도 촘촘하지 않아 사이사이를 먹물로 채웠으니, 송나라 사람의 세밀함을 찾아볼 수 없었다"라고 했다. 그 원인은 다음의 세 가지라 생각한다. 첫째, 원대 통치자는 모든 군사력을 동원해 전쟁을 일삼았기에 사회 전체의 생산력이 크게 떨어질 수밖에 없었다. 둘째, 원나라 조정이 많은 분량의 자수를 요구했고 수공들은 밤낮으로 만들어야 완성할 수 있었다. 이것이 품질에 영향을 끼쳤을 것이다. 셋째, 조정이 수공을 포함한 수공예 장인들의 자유를 완전히 빼앗았기 때문이다. 수공예장인들을 노예로 만들어 관부에 가두고 강제로 일을 시켰기에 신체적 자유를 잃은 수공들은 예술창작의 자유에도 구속을 받게 된 것이다. 희열과 성취감을 빼앗은 원나라 조정은 분명 원대 자수의 기술과 예술수준을 발전할 수 없게 만들었다. 이는 원대 자수가 송대 자수의 정교함을 따라잡지 못하게 된 가장 중요한 원인이다. 원대 자수예술은 사실 중국 고대 봉건사회의 계급화로 남겨진 고대 유풍의 한 측면이다. 원나라 조정은 귀주 같은 소수민족 거주지에 수많은 토사(土司)를 책봉하고 이들의 관복을 주로 자수로 꾸몄다.

명대 자수의 기술과 예술 수준은 송대 자수의 수준으로 회복되었고 또 더 발전한 측면을 보이기도 했다. 『명사(明史)·여복지(輿服志)』의 기록에 따르면, 명대는 원대의 제도를 계승하여 황실과 문무백관들의 관복에 자수를 놓았고 등급에 따라 엄격한 규정을 두었다고 한다. 황실 전용의 사수작(絲繡作)이라는 기관이 있었고 또 상의감(尙衣監), 어마감(御馬監), 함공국(緘工局)과 같은 국영의 자수제작 기관을 만들어 수많은 수공들을 고용했다. 이들은 교대근무를 하거나 전일제로 일했다. 이

원대(元代) 납사수(納紗繡) 운문(雲紋) 호슬(護膝, 무릎보호대)

명대(明代) 효정황후(孝靖皇后)의 백자의(百子衣)(일부분)

명대(明代) 자수화 「세마도(洗馬圖)」

러한 기관에서는 황제가 입는 용포를 만들기도 했고 감상용 자수화나 자수글자를 제작하기도 했다. 유명인의 글씨체를 원본으로 참고하여 전문적인 서화 효과를 추구했다. 명대 평상복의 자수 문양은 전통적인 기법을 따라 자유롭게 그리거나 자른 모양대로 수를 놓았으며 유명인의 서화를 기준으로 삼지도 않았다. 명대 민간에는 예술수준이 높은 자수 공예인이 많았기에 예술성취가 국영 자수에 뒤지지 않았다. 따라서 명대의 자수공예인들은 이전 시대에 비해 사회적 지위가 높았고 유명한 공예인들이 많이 배출되었다. 예를 들면, 가정(嘉靖)연간에 고명세(顧名世)의 아들 고회해(顧彙海)의 첩 무씨(繆氏)가 제작한 고수(顧繡)가 있다. 특히 고명세의 둘째 손자 며느리 한희맹(韓希孟)이 가장 유명한데, 이들은 송나라 자수의 전통적인 바느질 기법과 명대의 화필법(畫筆法)을 결합하여 36가닥으로 실을 나누었다. 갈라진 실은 머리털보다도 가늘었고 바늘도 가는 털 같았다. 색을 배합하는 방법은 비밀리에 전수되었다. 이렇게 바늘을 붓으로, 실을 먹으로 삼고 자수를 중심으로, 그림은 자수를 보충하는 역할로 삼아, 절반에 수를 놓고 절반은 그렸다. 송대와 원대 명승지 그림을 본떠 수를 놓은 작품은 바느질과 색채 운용에 있어 독창적인 방법을 사용했다. 산수 · 인물 · 꽃 · 새를 생동적이고 정교하게 수놓았으며 그림과 자수가 하나 되어 사람들은 자수인지 그림인지 잘 분간하지 못했다. 때문에 명대 고씨 집안의 자수는 명성이 높아졌고 특히 '화수(畫繡)'는 대단히 유명해졌다. 명대 『송강부지(松江府志)』 기록에 의하면, "고씨 집안의 자수는 정교한 작품은 한 폭에 은 몇 량이나 작품 전체는 금 몇 량에 그치지 않는다"라고 했다. 또 명나라 말기 절강(浙江)의 예인길(倪仁吉)은 시문(詩文)에 능하고 글씨와 그림에도 뛰어났으며 자수를 잘 놓았다. 청나라 정상(鄭翔)의 『비비소사(非非小史)』에 보면, "「심경(心經)」을 수놓았는데 매우 정교했다. 안씨(顏氏)가 말하길, 「응향수보(凝香繡譜)」는 많은 사람들이 앞다투어 적어갔다고 했다." 「응향수보」는 오늘날 전해지지 않는다. 그러나 그녀가 생존했을 때 남긴 「발수대사상(發繡大士像)」 · 「오복도(五福圖)」 · 「관공상(關公像)」을 비롯 그녀가 남긴 오언시(五言詩) 자수를 통해 정교한 기술을 충분히 엿볼 수 있다. 명대 자수가 부흥한 이유는 세 가지이다. 첫째, 사회 전체가 자수 예술을 중시하여 자수공예인들의 사회적 지위가 전에 없이 높아졌기 때문이다. 둘째, 명대 상품경제의 발달로 관부는 자수의 제작과 사용을 독점할 수 없었다. 이에 민간에서 자수에 대한 수요가 크게 늘면서 관부를 넘어섰다. 민간자수는 봉건제도의 영향을 적게 받았기에 자수예술이 비교적 자유롭게 발전할 수 있었다. 셋째, 명대 평상복에 사용된 자수는 서화를 본뜬 건 아니지만 자수 자체의 재료특징과 공예특징을 중시했다. 이는 명대 자수가 일정 정도 독창성과 독립성을 유지하게 한 요인이다.

명대 귀주 소수민족 자수에 대한 기록은 여러 문헌 속에 남아있다. 예를 들면, 포여즙(包汝楫)의 『남중기문(南中紀聞)』에는 다음과 같은 기록이 있다.

"묘족은 관을 쓰지 않고 신발을 신지 않는다. 남녀 모두 왼쪽으로 옷을 여미고 칼을 찼다. 남자는 머리에 꿩의 꼬리를 꽂았고, 짧은 저고리를 입었으며, 가슴·등·양팔에 무늬를 수놓았다. 여자는 오른쪽으로 쪽을 지고, 머리에 은으로 만든 장신구를 꽂았다. 상의가 허리까지 오는데 남자 복장처럼 무늬를 수놓았다."

또 명대 곽자장(郭子章)의 『검기(黔記)』에도 여평(黎平) 일대의 묘족여성들은 "비단 같은 천으로 머리를 덮었다. 짧은 상의를 입고 가슴과 등 부분을 줄로 묶었다. 한쪽에 자수를 놓고 은색실로 장식했다"라는 기록이 있다. 이로 보아 알 수 있듯이, 명대 귀주 소수민족의 복식에 있어서 자수장식은 상당히 보편적으로 사용되었다. 그러나 명대 주요 권력을 가진 한족(漢族)이 소수민족의 민간예술을 경시했기에 남아있는 문헌기록은 상당히 간단하다. 때로는 단지 '화의(花衣)'라고만 적어 그것이 염색비단인지 자수인지 확실히 파악할 수가 없다. 이와 다르게 같은 시기 한족의 비단염색 기술은 대단히 상세히 기록되어 있다. 따라서 명대 귀주민족의 자수를 연구할 때는 반드시 실물 분석을 바탕으로 해야 한다. 만일 귀주 복장을 소장하는 사람이 있다면 소장품에 대한 실물분석을 근거로 삼아야 할 것이다. 명대 귀주민족 복식에 사용된 자수는 여전히 '훼복조장(卉服鳥章, 풀을 수놓은 옷과 새를 수놓은 깃발)'이라는 소수민족의 전통을 간직하고 있다. 주로 북·빛·나비·용·지네·단풍잎·꽃 덩굴·기하학 문양을 자주 사용했다. 이는 해·달·구름·물·용·봉황·기린·학·원앙·박쥐·소나무·모란·연꽃과 길상 문자를 주로 수놓는 한족과는 확실히 다르다. 명대 귀주민족의 자수는 이처럼 추상적인 도안을 사용해, 장식적인 느낌이 강하고 형태가 소박하며 원시토템의 예술풍격이 매우 강하다. 주로 평수(平繡)와 수사수(數紗繡)를 사용했고, 염색·비단·헝겊·십자수와 함께 사용했다.

귀주 시동식(施洞式) 묘수(苗繡) 용문(龍紋) 동의(童衣)(연대미상)

귀주 시동식 묘수 용문 동의(일부분)

청대(淸代) 자수용포(龍袍)(일부분)

묘족 자수의 용

청대 황실 복식의 자수는 내무부에서 전문적으로 생산했다. 황실과 문무백관의 관복 문양도 전통적인 제도를 따르고 있어 상당히 정형화되었고 장식적이었다. 그러나 상품경제가 발달하고 대외무역이 왕성해지자 자수의 제작과 사용도 이전 시대에 비해 광범위해졌다. 중간 규모 이상의 도시는 모두 작업장을 만들고 전문적인 수공을 초빙해 자수 상품을 만들었다. 도시건 시골이건 많은 여성들은 자수를 반드시 익혀야 하는 기술로 여겼다. 이로 인해 전국 각지 소수민족 지역의 자수도 상당히 유행했다. 이런 배경 아래 청대의 전통 수공 자수공예의 발전은 전성기로 접어들었다. 더불어 청대에는 수많은 지방의 자수체계가 형성되었다.

"소수(蘇繡) · 노수(魯繡) · 상수(湘繡) · 월수(粤繡) · 촉수(蜀繡)가 가장 유명했다. 소수는 상해(上海) 노향원(露香園)의 고씨(顧氏)로부터 시작되었는데 색감이 우아하고 바느질이 생동적으로 변화한다. 노수는 옷에 바로 수를 놓았는데 강하고 힘차며 색상 설정이 농염하다. 상수는 순박하면서도 자연스럽고, 월수는 시원한 느낌이다. 촉수는 색상이 산뜻하고 아름다우며 입체감이 있다. 이처럼 저마다 다른 특징을 가지고 있다."[진연연(陳娟娟), 『중국대백과전서 · 문물박물관 · 중국고대자수』] 월수는 "옹정(雍正) · 건륭(乾隆) 시기에 유럽 각지로 대량 판매되었다.…… 자수품의 문양과 색채는 당시 광동(廣東)지역에서 제작되어 유럽에 수출한 벽지와 유사했다.…… 서양의 유화 같은 느낌이 강했다."[오숙생(嗚淑生) · 저자병(田自秉), 『중국염직사(中國染織史)』, 상해인민출판사, 1986년]

청대에 자수 명인이 배출되면서 자수이론을 담은 전문서적 출판에 모든 관심이 집중되었다. 가장 유명한 것은 청(淸) 도광(道光) 원년(1821년)에 송강(松江)의 정패(丁佩)가 편찬한 중국 최초의 자수 전문서적인 『정패수보(丁佩繡譜)』이다. 정패는 자수에 정통했고 그림에도 조예가 깊었다. 고수(顧繡)에 대해 "마음으로 그 훌륭함을 알아야 능히 말할 수 있다"라고 말할 정도였다. 이 책은 지역 · 모양 · 재료 · 제작 · 품질로 구성되어 있고 자수공예에 대해 다방면으로 논술했다. 먼저 이론적으로 회화를 분석하고, 서법과 자수와의 관계를 담았다. 또한 중국자수의 규칙을 크게 일곱 글자, 즉 제(齊), 광(光), 직(直), 균(匀), 박(薄), 순(順), 밀(密)로 개괄했다. 다소 아쉬운 점은 바느질 기법에 대한 서술이 부족하다는 점이다. 청나라 말기, 소수(蘇繡) 명인 침수(沈壽)는 전통 자수를 기초로 서양의 유화와 촬영과 같은 미술의 투시, 명암기법을 융합하여 바느질 기법을 혁신시켰다. 즉, 방진수(仿眞繡)를 창시한 것이다.

아울러 만년에 일생의 자수 경험을 구술해 엮은 『설이수보_(雪宦繡譜)』를 편찬했다. 이 책은 자수 준비부터 바느질 기법·품격·도덕·절제 등 여덟 장으로 구성되었고 선과 색의 운용에서부터 수를 놓는 사람의 인품과 도덕수양, 그리고 위생까지 연관시켜 하나하나 상세히 설명했다. 이는 중국 자수 역사상 자수이론을 체계적으로 설명한 최초의 전문서적이다.

"청대_(淸代) 대부분의 묘족 남녀는 여전히 상투를 틀고 비녀를 꽂았다. 수놓아진 옷을 입었으며 여성들은 주름치마를 입고 은으로 만든 장신구를 찼다. 이는 청대사람들의 공통적인 특징이다."_{(『묘족간사(苗族簡史)』, 귀주민족출판사, 1985년)} 광서_(光緒)연간에 나온 『서영영녕청현합지_(敘永永寧廳縣合志)』의 기록에 의하면, "남자들은 모두 변발을 하고 틀어 올려 무늬가 있는 천으로 감쌌다. 베옷을 입었는데, 소매와 옷깃에 오색 무늬를 수놓아 덧붙였다. 또 반바지를 입고 나막신을 신었다"라고 적혀있다. 중국의 유명한 묘족학자이자 민족학 학자이며 묘학 연구의 선구자인 석계귀_(石啓貴)는 1940년에 『상서_(湘西) 묘족 현지조사 보고』에서 "청나라 중기 이전부터 상서지역의 묘족은 일률적으로 오색찬란한 천을 사용했고, 상의는 무늬가 있는 옷을, 하의는 주름치마를 입고 긴 머리를 모아 황갈색 꽃 수건으로 감쌌다. 배 모양의 꽃신을 신고 각종 은 장신구를 착용했다"라고 했다. 청나라 조정은 중앙으로 권력을 집중시키기 위해 소수민족 남성들의 복장을 강제로 바꾸게 했다. 귀주에 거주하던 대부분의 소수민족 가운데 여성만이 전통 민족 복장을 계속 입었다. 때문에 복장의 형식에서 이른바 '남성은 조정에 항복하고 여성은 항복하지 않은' 독특한 현상이 만들어졌다. 물론 그렇다 해도 외곽의 산간지역에 거주하는 소수민족 남성들은 자신들의 민족 복장을 완강하게 고수했다. 예를 들면, 귀주성_(貴州省) 종강현_(從江縣) 파사_(岜沙) 지역과 광서성_(廣西省) 융수_(融水) 일대의 묘족 남성은 원래대로 머리를 틀고 귀걸이와 목걸이를 착용했다. 주변의 머리를 자르고 정수리 앞쪽으로 작은 상투를 똘똘 틀었다. 상의는 옷깃이 없고 오른쪽으로 여미는 긴 소매를 입고 하의는 폭이 넓고 여유가 있는 큰 바지를 입었다. 십자수로 허리띠를 만들어 묶고 수놓은 염낭을 찼다. 실로 오랜 전통이 느껴졌다. 그러나 묘족의 가장 대표적인 복장은 예복인 백조의_(百鳥衣)라 할 수 있다. 오색찬란하며 대담하고 원시적이고 야성적이다. 이로 보아 알 수 있듯이 청나라의 통제가 약한 소수민족 거주지

귀주_(貴州) 월량산_(月亮山) 지역 묘족의 염색된 자수백조의_(百鳥衣)

일수록 전통적인 소수민족의 복장이 더욱 유행했고 또 예술적으로도 더욱 전통적인 풍격을 가지고 있었다.

민국(民國)시기부터 1949년 이후로 현대화의 물결 속에서 복식은 점차 서양의 영향을 받게 되었다. 중국 대부분의 지역에서 일상생활 복식 중 자수는 나날이 시들해졌지만 특이하게도 감상용 자수는 활기를 띠게 되었다. 20세기 초 자수 대가 양수옥(楊守玉)은 '난침수(亂針繡)'를 창시해 그림과 자수를 신기할 정도로 완벽하게 결합했다. 이를 두고 현대미술의 대표작가 류해속(劉海粟)은 "바늘을 붓 삼고 실을 물감 삼아 그림과 자수를 하나로 융합했다. 그는 소수(蘇繡)와 상수(湘繡)의 명성을 얻어 자수예술의 최고봉에 올랐다"라고 극찬했다. 난침수는 가로 세로로 교차시키고 길이도 다르게 하여 촘촘하면서 길이도 들쭉날쭉하게 하며 생동적인 변화를 주는 것이다. 하나 혹은 여러 색상의 실을 여러 번 십자로 교차하여 겹겹이 색을 더한다. 이렇게 하여 작품에 다양한 색상을 입히고 층차를 풍부하게 하여 입체감과 독특한 예술효과를 표현한다. 난침수는 중국자수 발전의 새로운 이정표를 세웠다.

귀주의 일부 외진 소수민족 지역은 민국시기부터 1949년 이후로도 복식에 자수를 놓는 전통을 변함없이 이어왔다. 그러나 전란과 사회충돌을 겪은 뒤 자수품은 쇠퇴하였다. 아무리 깊고 깊은 산속이라도 정도의 차이가 있을 뿐 자수품은 제 수명을 유지하지 못했다. 특히 최근 30년간 자수는 오직 상품으로 판매하기 위해 제작되었다. 따라서 문화적 함의나 사회적 기능, 그리고 제작기술은 과거와 판이하게 달라졌고 기술과 예술의 수준도 과거에 비해 조금도 발전하지 않았다.

2. 귀주민족 민간자수의 종류

귀주 소수민족의 전통복식은 대부분 자수로 장식한다. 그러나 귀주성 전역에서 좋은 품질의 자수를 제작하고 보편적으로 사용한 것은 아니다. 오히려 우수한 품질의 자수품은 일부지역에서만 생산되었고 또 곳곳에 흩어져 있다. 이런 상황이 나타나게 된 원인은 다음의 네 가지로 볼 수 있다. 첫째, 소수민족의 거주지는 장기간 자치구였기에 정부의 통치를 받기 시작한 지가 얼마 되지 않는다. 정부의 통제가 비교적 약한 지역은 소수민족이 가진 자문화를 그대로 보존시키기가 쉬웠고 전통자수 역시 한화(漢化)되지 않고 원시적인 면모를 그대로 유지할 수 있었다. 아울러 청수강(清水江) 유역

의 묘령(苗嶺) 산간지역과 도류강(都柳江) 유역의 월량(月亮) 산간
과 같이 경제가 발달된 지역은 비교적 부유한 생활을 할 수
있었다. 둘째, 이처럼 물질생산 수준이 낮고 방직기술이 발
달하지 못한 지역은 자수생산이 어렵기 때문이다. 예를 들
면, 안순시(安順市)와 검서남(黔西南)과 검남(黔南)의 교차지역에 위
치한 마산(麻山) 지역은 교통이 불편하여 오랫동안 외부와 단
절된 채 살아왔다. 게다가 이 지역은 너무나 빈곤하여 이곳
에서 발견된 자수품은 극히 소량에 불과하다. 셋째, 어떤 지
역은 민간공예가 발달했고 예술성취 정도도 높지만 자수 대
신 다른 예술을 더욱 중시했다. 예를 들면, 포의족(布依族)은 납
염(蠟染)이나 직조를 중시했고, 검남 삼도현(三都縣)과 검동남(黔
東南) 단채현(丹寨縣)의 접경에서 생활하는 백령묘(白領苗)는 납염
을 중요시했다. 귀양시(貴陽市) 화계구(花溪區)와 안순시 평패현(平壩
縣) 임잡향(林卡鄉)의 화묘(花苗)는 도화(挑花, 십자수)를 중시했다. 검동
(黔東)의 토가족(土家族)은 채색 견직물과 목조 예술에 비중을 두
었다. 넷째, 어떤 지역은 자수를 많이 사용했고 공예 수준도
높지만, 하나 혹은 몇 가지 도안만을 운용했다. 상상력과 독
창성이 풍부하고 기법이 자유로운 자수의 유형과 비교해 보
면 이들의 자수는 더욱 단조롭게 느껴진다. 예를 들면, 검남
삼도현과 여파현(荔波縣)에 거주하는 수족(水族)의 마미수(馬尾繡)와
필절시(畢節市) 위녕현(威寧縣)에 거주하는 대화묘족(大花苗族)의 자
수, 그리고 육반수시(六盤水市) 각지의 소화묘족(小花苗族)의 자수가
그렇다. 이 밖에도 일부 지역은 자수를 사용했지만 복식에
장식하는 경우가 드물었거나 도안이 지나치게 간단하거나
또는 예술성취 정도가 높지 않기에 여기서는 간단하게 소개
하겠다. 이 책에 수록된 귀주 소수민족의 자수는 주로 청대
의 복식과 자수품이며 민족적 특징이 강하게 드러난다. 이상
과 같은 이유로 귀주 소수민족 민간자수는 다음의 세 가지
지역으로 나눌 수 있다.

(1) 청수강형(清水江型) 자수
청수강형 자수의 생산지는 검동남(黔東南)의 뇌산현(雷山縣), 태
강현(台江縣), 검하현(劍河縣), 황평현(黃平縣), 시병현(施秉縣), 진원현(鎮遠
縣), 개리시(凱里市) 일대이다. 이 지역은 청수강 유역에 속해 있
기에 이런 종류의 자수를 청수강형 자수라 한다. 청수강형
자수를 만들고 사용한 민족은 스스로를 Mong(蒙), Mu(木), Ga
long(嘎弄)이라고 불렀고 묘족 중부 방언을 쓰는 묘족의 한 지
파(支派)이다. 그 가운데 가장 유명한 것은 역사적으로 구고묘

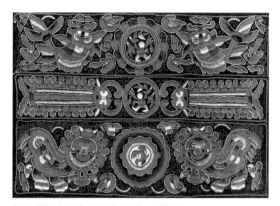

청수강형(清水江型) 시동식(施洞式) 묘수(苗繡)

청수강형(清水江型) 서강태공식(西江台拱式) 묘수(苗繡)

(九股苗)라 불리는 묘족이다. 청수강형 자수의 제작자와 사용자는 이 지역에서 생활한 이들을 포괄한다. 예술풍격과 제작방식에 따라 청수강형 자수는 시동식(施洞式) 묘수(苗繡), 서강태공식(西江台拱式) 묘수(苗繡), 기타 양식 자수로 나눌 수 있다. 이 가운데 시동식 묘수는 귀주민족의 민간자수 중에서도 가장 독창적이고 예술적이다. 또 문화적 함의도 가장 풍부하기에 이어서 중점적으로 소개하겠다.

1) 청수강형 시동식(施洞式) 묘수(苗繡)

시동식 묘수의 생산지는 다음과 같다. 검동남 태강현의 시동(施洞)·노둔(老屯)·양전(良田)·평조(平兆)·사신(四新)·오하(五河)·보귀(寶貴)·패장(壩場)·방소(方召)·옹각(翁腳), 시병현의 마호(馬號)·육합(六合)·쌍정(雙井), 검하현의 상하무문(上下巫門)·금송(芩松)·고방(稿榜), 황평현의 산개(山凱), 진원현의 보경(報京)·고요파(高繞坡)·마평(馬坪). 이 중 시동 지역 묘수의 예술수준이 가장 뛰어나 시동식 묘수라 이름 붙였다.

2) 청수강형 서강태공식(西江台拱式) 묘수(苗繡)

서강태공식 묘수의 생산지는 검동남의 파랍하(巴拉河)를 중심으로 한다. 구체적인 지역은 다음과 같다. 뇌산현 대부분 지역, 태강현의 태공(台拱)·태농(台濃)·남성(南省)·방성(方省)·홍양(紅陽)·등교(登交)·패장(壩場)·보장(報將)·혁일(革一)·혁동(革束)·보공(寶貢)·배양(排羊)·태반(台盤)·남와(南瓦)·남궁(南宮)·교하(交下), 개리시의 괘정(排丁)·평악(平樂)·개회(開懷)·격충(格沖)·구채(九寨)·지오(地吾), 검하현의 태옹(太擁). 이 가운데 뇌산현 서강진(西江鎭)의 묘수가 가장 수준이 높고 대표적이다. 현지 조사에 따르면 역사적으로 태강현 태공과 그 주변의 묘수는 원래 시동식 묘수와 풍격이 비슷했으며, 많은 실물들에서 증명되고 있다. 나중에 태공 일대의 묘수가 상대적으로 수고가 적게 드는 서강묘수의 영향을 받기 시작해 여성들 상의 형식에서 자수도안에 이르기까지 비슷하게 변한 것이다. 이렇게 예술풍격으로 보면 서강과 태공의 묘수를 하나로 볼 수 있기에 서강태공식 묘수라고 이름 붙인 것이다. 서강태공식 묘수를 만들고 사용한 민족은 자신을 Ga Long(嘎弄)이라고 부른다. 고서에 의하면 서강 지역에 거주하는 묘족은 흑묘(黑苗)의 하나인 누거흑묘(樓居黑苗), 또는 속칭 장군묘(長裙苗)라 불리는 민족이다. 또한 태공 지역에 거주하는 묘족은 구고묘(九股苗)의 하나이다. 이들이 사용하는 언어는 중부와 북부 방언으로 서강, 태공, 단강(丹江), 괘정의 방언이다.[양정문(楊正文), 『묘족복식문화』, 귀주민족출판사, 1998년]

3) 청수강형 기타 양식 자수

청수강형 기타 양식 자수는 위의 두 가지 묘수 지역을 제외한 청수강 유역에 널리 퍼져 생산된 것들을 말한다. 종류가 많은데 비교적 특징적이고 예술성이 높은 다섯 종류를 소개하겠다.

① 혁일묘수(革一苗繡): 혁일묘수의 생산지는 검동남 태강현의 혁일(革一)·태반(台盤), 개리시의 개당(凱棠)·옹항(翁項)·지오(地吾)·방해(旁海)이다.

청수강형 혁동묘수(革東苗繡)

② 황평묘수(黃平苗繡): 황평묘수의 생산지는 검동남 황평현 전역, 개리시의 방해(旁海)·만수(灣水)·관영(冠英)·평량(平良)·대풍동(大風洞), 시병현의 백세(白洗)·옹서(翁西)·신교(新橋), 마강현(麻江縣)의 하사(下司)이다. 또한 검남(黔南) 복천시(福泉市)의 철항(哲港)·훤화(萱花)·옹군(翁軍)·봉산(鳳山)에서도 생산되었다.

③ 대당묘수(大塘苗繡): 대당묘수의 생산지는 검동남 뇌산현의 대당(大塘)·교항(橋港)·장뢰(掌雷)·배고(排告)·도강(挑江)·류오(柳烏)와 단채현(丹寨縣)의 공경(孔慶)·배조(排調)·배채(配寨)이다.

④ 혁가자수(革家刺繡): 혁가자수의 생산지는 검동남 황평현의 중안(重安)·중흥(重興)·옹평(翁坪)·황표(黃飄)·당도(塘都)·곡롱(谷隴)·대지(代支)·마장(馬場)·숭인(崇仁)·신주(新州)·나랑(羅朗)·랑하(浪河), 개리시의 황묘(黃貓)·대풍동(大風洞)·관영(冠英)·대강(對江)·노호정(老虎井)·낙면(洛棉)·용장(龍場)의 접경지역이다.

청수강형 고표자수(高標刺繡)

⑤ 고구묘족석수(高丘苗族錫繡): 고구묘족석수의 생산지는 검동남 검하현의 고구(高丘)·류부(柳富)·신류(新柳)·전아(展牙)·남채(南寨)·관마(觀摩)·반호(反皓)이다.

(2) 도류강형(都柳江型) 자수

도류강형 자수의 생산지는 검동남(黔東南) 여평현(黎平縣)·종강현(從江縣)·용강현(榕江縣)·뇌산현(雷山縣)·단채현(丹寨縣)과 검남(黔南) 삼도현(三都縣)·도균시(都勻市) 일대에 분포되어 있다. 이 지역은 도류강 유역에 속하기에 도류강형 자수라 불린다. 도류강형 자수의 제작자와 사용자는 자신들을 Gan(幹), Geng(更)이라 부르고 동어(侗語) 남부 방언을 사용하는 동족(侗族)이다. 귀주 동족은 언어로 보면 북동과 남동으로 나뉘는데, 북동 거주지역은 경제가 발달해 한족과의 교류가 빈번했다. 때문에 복식에도 한족의 영향을 많이 받았고 자수의 문양 역시 그렇다. 간단하지만 또 변화가 크지 않아 여기서 따로 소개하지는 않겠다. 도류강형 자수의 제작자와 사용자는 자신들을 Mu(木) 또는 Meng(蒙)이라 부르고 묘족 중부지방 방언을 사

종강현(從江縣) 동족(侗族)의 기하학적인 도안

용한다. 또 Sui(雖)라 부르고 수어(水語)의 삼동(三洞) 방언을 쓰는 수족(水族)도 도류강형 자수를 제작하고 사용했다.[귀주성지방지편찬 위원회, 『귀주성지(貴州省志)·민족지(民族志)』, 귀주민족출판사, 2002년]

도류강형 자수는 예술풍격과 제작기술에 따라 여종용식(黎從榕式) 동수(侗繡), 단도식(丹都式) 묘수(苗繡), 기타 양식 자수로 나눌 수 있다.

1) 도류강형 여종용식(黎從榕式) 동수(侗繡)

남동(南侗)의 복식은 민족문화 특징이 비교적 많이 반영되어 있는데, 여종용식 동수가 대표적으로 그러하다. 주요 생산지는 검동남 여평현·종강현·용강현 전역과 금병현(錦屏縣) 남부의 여평과 인접한 일부지역이다. 지명의 첫 글자를 따서 여종용식 동수라 부르는데 이 가운데 여평현의 구조진(九潮鎭)·구강향(口江鄕)·조흥향(肇興鄕)·용액향(龍額鄕)·지평향(地坪鄕)과 종강현의 재편진(宰便鎭)·경운향(慶雲鄕), 그리고 용강현의 낭동진(朗洞鎭)·채호진(寨蒿鎭)·악리진(樂里鎭)의 예술수준이 가장 높다.

2) 도류강형 단도식(丹都式) 묘수(苗繡)

단도식 묘수의 생산지는 다음과 같다. 검동남 용강현의 평영(平永)·평강(平江)·인리(仁里)·악리(樂里)·태원(太元)·석리(錫利)·단리(端里)·평양(平陽)·탑석(塔石)·교래(橋來)·삼강(三江)·팔개(八開)·흥화(興華)·정위(定威)·계획(計劃)·수미(水尾)·가의(加宜)·고주(古州)·팔길(八吉)·납유(臘西)·차민(車民)·중보(中賓)·재마(宰麻)·가리(加利), 종강현의 가아(加牙)·공명(孔明)·가구(加鳩)·가면(加勉)·채평(寨坪)·요귀(堯貴)·정동(停洞)·가초(加哨)·가민(加民)·하강(下江)·고금(高芩)·신지(信地)·증충(增沖)·파사(岜沙)·동악(同樂), 단채현의 아회(雅灰)·배로(排路), 뇌산현의 달지(達地), 여평현의 은조(銀朝)와 검남 삼도현의 타어(打漁)·도강(都江)·개뢰(蓋賴)·무불(巫不)·갑웅(甲雄)·양복(羊福)·패가(壩街)·판갑(板甲), 여파현(荔波縣)의 수유(水維)이다. 이 중 단채현의 아회향(雅灰鄕), 삼도현의 도강진(都江鎭), 용강현의 팔개향(八開鄕) 자수가 가장 대표적이라 단도식 묘수라고 부른다.

3) 도류강형 기타 양식 자수

도류강형 기타 양식 자수의 생산지는 위의 두 가지 자수 지역을 제외한 도류강 유역의 기타 전역이다. 이어서 특색 있는 두 가지를 소개하겠다.

① 여종용(黎從榕)의 융수식(融水式) 묘수(苗繡): 광서성(廣西省) 융수(融水) 일대와 귀주성 검동남 여평현과 종강현의 고무(高武)·중리(中里)·반리(潘里) 일대에서 생산된다.

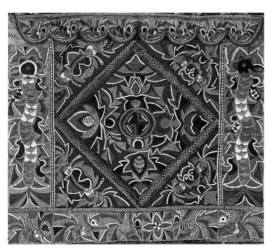

타어(打漁)지파의 도류강형(都柳江型) 단도식(丹都式) 묘수(苗繡)

② 수족자수(水族刺繡): 수족자수는 검남의 삼도현과 여파현 전역에서 생산된다.

(3) 귀주(貴州) 기타 유형 자수

기타 유형의 자수는 청수강형 자수와 도류강형 자수 이외의 것으로 귀주 각 지역과 각 민족, 또 각종 유형의 전통 민간자수를 포함한다. 공예와 예술 발전이 불평등하게 이루어진 상태이기에 여기서는 대표적인 몇 가지를 간단히 소개하겠다. 기타 유형의 자수가 수량이 많을 수도 있지만 문양의 변화가 크지 않고 도안의 종류도 적다. 대표적으로 상서검동묘수(湘西黔東苗繡)·안순보정묘수(安順普定苗繡)·정풍묘수(貞豊苗繡)·아궁묘수(阿弓苗繡)·위녕묘수(威寧苗繡)·육충하묘수(六冲河苗繡)·토가족자수(土家族刺繡)·둔보인자수(屯堡人刺繡)가 있다.

3. 귀주민족 민간자수의 제작자와 사용자

고대 중앙정권은 오랫동안 귀주의 수많은 소수민족을 경시하고 압박했다. 귀주의 소수민족은 이른바 "삼십 년마다 작은 반란을, 육십 년마다 큰 반란을 일으킨다"라는 일종의 전형을 형성하게 된다. 그러나 중앙정부는 해마다 대군을 파견해 소수민족을 죽이고 핍박했다. 기록에 따르면 어떤 지역은 전체의 70~80%에 달하는 소수민족이 살해되었고 수백 명이 살던 마을이 완전히 비어버린 곳도 있다고 한다. 반란에 실패하면서 조정의 추격을 피하기 위해 일부 소수민족은 더 외진 지역으로 숨어들었다. 명·청대 이후 생산력이 발전하고 황무지가 개간되면서 귀주 소수민족의 인구도 증가했다. 소수민족은 점점 더 넓은 지역으로 거주지를 확장했다. 지역이 넓어지면서 혈연관계에 따라 서로 다른 종파가 생겨났다. 종파마다 문화와 풍습도 달라졌으니 어떤 종파는 한족에 동화되었고, 어떤 종파는 변화했으며, 또 어떤 종파는 여전히 자신의 민족 전통을 고수했다. 각 종파의 복식은 각기 다른 형태와 문양, 그리고 풍격 특징을 가지고 자신들의 종파를 나타내는 기능을 했다. 소수민족 자수예술이 귀주 전역에서 고르게 발전하지 못한 주요 원인이 바로 여기에 있다. 막강한 외부 위협 속에서 귀주의 각 소수민족은 종족이 멸망하지 않고 막강한 세력을 가진 문화와 동화되지 않으려면 더욱 더 민족 내부의 힘을 모아야 했다. 이 과정에서 신분의 정확한 구별이 필요했고 자기 민족만의 공통된 복식이 독립

청대(淸代) 서화첩 『칠십이묘전도(七十二苗全圖)』

청대(淸代) 서화첩『팔십이묘전도(八十二苗全圖)』

성을 표현하는 수단이 되었다. 민족의 전통복식에 장식된 자수는 바로 그러한 민족문화 특징을 잘 보여준다.

귀주민족의 민간자수는 옛날부터 전문 수공(繡工)이 아닌 각 소수민족의 부녀자들이 제작했다. 일반적으로 남자는 자수 제작에 참여하지 않았기에 사용자의 대다수는 부녀자였다. 청나라 조정이 소수민족에 대한 통치를 강화하면서 소수민족 남성들은 전통복식을 입지 못했다. 이에 대부분의 귀주 지역에는 여성들만 전통복식을 유지하는 독특한 현상이 나타났다.[양정문(楊正文), 『묘족복식문화』, 귀주민족출판사, 1998년] 다행히도 당시 중국 여성은 사회와 가정에서의 지위가 매우 낮았기에 조정의 통치자가 여성 복식에까지 신경을 기울이지 않았던 것이다. 현대의 서양문화비평과 페미니즘에서는 사회·경제·정치적 비주류화가 예술과 전통에 해를 끼쳤다고 강하게 주장한다. 그러나 오히려 비주류화가 순수예술과 전통을 보호하고 지켰다는 점은 간과한 것 같다. 귀주가 중국 민간문화를 가장 많이 보존한 지역 중 하나가 될 수 있었던 이유는 오랫동안 중국 정치·경제의 변두리에 자리했기 때문이다. 이 책에 수록된 전통 자수품은 주로 묘족(苗族)·동족(侗族)·수족(水族)·토가족(土家族)·둔보인(屯堡人)이 만들고 사용한 것이다. 이에 여기서 이들의 역사를 간단히 소개하여 문화적 배경에 대한 독자들의 이해를 돕기로 하겠다. 오랫동안 사람들은 소수민족에 대한 호칭을 복식과 장식을 비롯한 각기 다른 특징을 바탕으로 다양하게 불렀다. 예를 들면, 홍묘(紅苗)·흑묘(黑苗)·청묘(靑苗)·화묘(花苗)·수가묘(水家苗)·자강묘(紫薑苗)·동묘(洞苗)와 같은 것이다. 이것이 사실 과학적 근거는 없지만 이미 오래전부터 사용했던 호칭이기에 서술의 편의상 그대로 따르도록 하겠다.

묘족은 귀주에서 가장 인구가 많은 민족이다. 5천여 년 전, 묘족의 조상인 구려(九黎) 부락은 양자강 중하류와 하류 일대에 거주했다. 훗날 구려 부락은 황하 상류 희수(姬水)에서 온 염황(炎黃) 부락과 전쟁을 했다. 구려 부락은 탁록[涿鹿, 지금의 하북성(河北省) 탁록현]에서 패했고 수장도 인질로 잡혀 죽었다. 이후 대부분의 사람들이 남쪽으로 거주지를 옮기기 시작했다. 요(堯)·순(舜)·우(禹) 시기 양자강 중류의 동정호(洞庭湖), 번양호(鄱陽湖)와 문산(汶山), 형산(衡山) 등지에서 새로운 부락인 삼묘(三苗)를 형성했다. 『전국책(戰國策)·위책(魏策)』에 이르길, "옛날 삼묘(三苗)는 왼쪽에 팽려호(彭蠡湖), 오른쪽에 동정호, 남쪽에 문산(汶山)과 북쪽의 형산(衡山)이 있는 곳에 살았다"라고 했다. 삼묘 부락은 지세의 험준함에 의지해 다른 부락과 장기간에 걸친 전쟁을 했다. 결국 패배한 대다수의 삼묘 부락민은 전란을 피해 산속으로 들어가거나 서남 산간지역으로 이주했다.

상·주(商·周)시기, 삼묘는 양자강 중류지역의 다른 부락과 함께 남만(南蠻) 또는 형만(荊蠻)이라 했다. 전국(戰國)시기, 초(楚)나라 도왕(悼王)은 무력으로 이들을 병합했고 만(蠻), 월(越) 지역을 강점했다. 전란을 견디지 못한 묘족 선조들은 다시 서쪽으로 이동해 인가가 드문 무릉오계(武陵五溪)로 거점을 옮겼다. 진·한(秦·漢)시기, 봉건왕조의 노역과 과세가 심해지자 수많은 묘족이 서쪽과 남쪽으로 다시 한 번 이동했다. 이들이 이동했던 서쪽은 지금의 귀주성(貴州省) 산간지역이고, 남쪽은 지금의 광서성(廣西省) 산간지역이다. 당·송(唐·宋)시기, 묘족의 대부분은 무릉오계에서 살았고, 일부만이 무릉오계의 서쪽 야랑(夜郎)과 장가(牂牁) 접경(지금의 귀주성 접경)에서 살았다. 원·명·청(元·明·淸)시기는 많은 소수민족이 억압당하고 핍박을 받았다. 토벌이 끊이지 않았기에 묘족의 조상들은 또 잇달아 이주하기 시작했다. 이들은 세 갈래로 나뉘어 귀주성으로 들어왔다. 하나는 오계 지류를 따라 호남성(湖南省)에서 광서성으로 들어와 다시 도류강(都柳江)을 따라 검동남(黔東南)으로 들어오는 길이다. 또 다른 하나는 원수(沅水)와 그 지류를 따라 귀주 동인(銅仁)지역과 검동남의 금병(錦屛)으로 들어온다. 그리고 다시 여평(黎平)에서 진원(鎭遠)과 시병(施秉)으로 이동한 뒤 검남과 검서남에 도착하는 길이다. 마지막은 무릉(武陵) 북단을 따라 중경(重慶) 남쪽으로 들어온 뒤 귀주성 준의(遵義)로 들어와 검서와 검서남으로 진입하는 것이다. 이렇게 묘족은 끊임없이 이동했다. 때문에 광활한 지역 곳곳에 흩어지게 되었고 이로 인해 묘족은 서로 다른 자연환경과 조건을 갖게 되었다. 이것이 묘족 내부의 발전을 불평등하게 만들었고 언어·복식·생활습관·종교신앙에 있어서 제각기 다른 특징을 형성하게 했다.

원나라는 현지를 관할하는 관리를 소수민족에게 부여하는 토사(土司)제도를 만들어 변경지역을 관리했다. 그러나 명·청대에는 중앙정부의 권력을 강화하기 위해 토사제도를 없애고 중앙정부에서 관리를 파견했다. 또한 묘족을 생묘(生苗)와 숙묘(熟苗)로 나누었다. 생묘는 관리가 지정되지 않거나 토사의 관할을 받지 않는 묘족으로, 중앙 정부가 집중적으로 억압하는 대상이다. 숙묘는 생묘와 반대로 정부의 관할하에 있는 묘족을 말한다. 이들은 점차 한족과 융화되었다. 생묘

청대(淸代) 서화첩 『검묘도설(黔苗圖說)』

가 있는 곳은 독립적이고 자유롭다. 문화공간이 폐쇄적일 뿐 아니라 외부세력에 대해 강한 반감을 가지고 있어 내부결집력이 강하다. 복식과 자수는 자신들의 독립성을 강화하는 중요한 수단 가운데 하나였다.

명대 생묘의 거주지는 다음의 두 지역으로 나뉜다. 하나는 호남성·귀주성·사천성 접경의 홍묘(紅苗) 지역으로 납이산(臘爾山)을 중심으로 한다. 다른 하나는 귀주성 검동남의 흑묘(黑苗) 지역이다. 동쪽으로 여평, 서쪽으로 도균(都勻), 북쪽으로 시병과 진원, 남쪽으로 용강(榕江)에 이르며 청수강(清水江)과 도류강 유역을 포함하고, 뇌공산(雷公山)을 중심으로 한다. 청대 이전 이들의 인구는 20만에 달했다. 그러나 명·청대 중앙정부의 대규모 탄압에 못 이겨 홍묘는 거의 남아있지 못했다.[오신복(伍新福), 『중국묘족통사』, 귀주민족출판사, 1999년] 청 강희(康熙)연간 홍묘는 거의 숙묘로 바뀌었다. 검동남 일대 흑묘는 청대 함풍(咸豊)·동치(同治) 연간까지 계속해서 반기를 들었다. 이 지역은 지리적으로 험준하고 교통도 불편해 자민족이 어느 정도의 자치권을 유지했다. 때문에 흑묘의 복식과 자수는 묘족의 전통을 많이 보존하고 있다. 흑묘 가운데 문화적 특색이 가장 강한 지파(支派)는 구고묘(九股苗)·누거흑묘(樓居黑苗)·흑령묘(黑領苗)·자강묘(紫薑苗)이다. 물론 묘족의 다른 지파도 자수를 만들었고 사용했으며 저마다의 특징이 있다. 그러나 지면상 여기서는 상세히 소개하지 않겠다.

(1) 청수강형(清水江型) 자수의 제작자와 사용자

1) 청수강형 시동식(施洞式) 묘수(苗繡)

청수강형 시동식 묘수는 주로 구고묘(九股苗)가 제작하고 사용했다. 구고묘는 자신들을 Meng(蒙)이라 불렀고 중북부 묘족 방언 무문화[巫門話, 상구고(上九股)가 사용]와 시동화[施洞話, 하구고(下九股)가 사용]를 사용했다.[양정문(楊正文), 『묘족복식문화』, 귀주민족출판사, 1998년] 청대 『귀주통지(貴州通志)·토민지(土民志)』에 인용된 『태공문헌(台拱文獻)』에 이르길, "태공(台拱)은 과거 생묘(生苗)의 거주지였다. 묘족은 구고(九股)가 가장 뛰어나다.…… 단강(丹江) 근처에 살면 상구고, 시병(施秉) 근처에 살면 하구고라 했는데 인구가 많았다"라고 했다. 청대 『귀주통지』 권7에는 "구고묘는…… 의복·음식·혼인·상제(喪祭)가 팔채(八寨), 단강(丹江)과 거의 비슷했지만 구고묘는 더욱 민첩하고 용맹했다"라고 적혀있다.

묘족의 전통에 보면 모든 혈연종족은 대대로 전해지는 조고(祖鼓)가 있다. 조고는 단풍나무로 만든 긴 형태의 북으로 흘

시동묘족(施洞苗族)

고장(吃鼓藏)이라는 제사나 초상 때만 사용하던 중요한 기물이다. 묘족은 자신들의 선조와 죽은 이들의 영혼이 모두 이 조고 속에 머문다고 믿는다. 때문에 조고는 종족의 상징이자 종족의 단결을 지켜주는 물건이 되었다. 하나의 혈연종족은 하나의 고사(鼓社)를 형성하기에 구고(九股)는 사실 구고(九鼓)가 와전된 것이다. 즉, 구고는 아홉 종파가 모인 인척집단이자 세력집단이란 뜻이다. 묘족의 모든 종족은 평등한 두 지파로 대등하게 나누기에 구고는 18개의 지파로 구성되었다는 뜻이다. 구고는 사실 묘족 원시사회에서 전해 내려온 사회조직의 한 형태이다. 명대 만력(萬曆)연간 '평파(平播)의 전란' 중에 처음으로 비교적 상세하게 이 사회조직 형성을 이해하게 되었다. 청대 문헌에 의하면 상구고는 뇌산현(雷山縣) 접경 단강 유역에 거주했고 하구고는 단강과 청수강 일대에 살았다. 관련기록과 연구로 볼 때, 청대 구고묘족은 인구가 많았고 경제와 기술도 비교적 발달했다. 민첩하고 용맹하여 전쟁을 좋아했으며 문화·정치에 있어서 중앙정부에 동화되지 않고 지배받지도 않았다. 구고묘의 넉넉한 생활은 웅장하고 화려한 자수와 복식을 제작하는 데 물질적인 기반을 마련해주었다. 완전히 독립성을 유지한 문화와 강한 민족결집력은 구고묘자수가 한족화되지 않고 민족적 예술전통을 이어가게 만들어주었다. 게다가 반항적이고 용맹한 풍속은 구고묘자수를 자유롭고 낭만적인 풍격으로 만들었다. 이렇게 구고묘자수는 귀주 소수민족 자수예술의 최고봉에 섰다.

2) 청수강형 서강태공식(西江台拱式) 묘수(苗繡)

청수강형 서강태공식 묘수는 주로 파랍하(巴拉河)와 태공(台拱) 지파가 제작하고 사용했다. 이들은 각각 중북부 방언 괘정화(掛丁話)·서강화(西江話)·단강화(丹江話)·태공화(台拱話)를 사용하고, 자신들을 Ga long(嘎弄)과 Meng(蒙)이라 불렀다.

청대 『귀주통지(貴州通志)·묘만(苗蠻)』의 기록에 의하면, "팔채(八寨), 단강(丹江), 청강(清江), 고주(古州)의 흑묘(黑苗)는 부지런히 농사를 지었다. 여자들이 일을 더 많이 하는데 낮에는 나가 농사를 짓고 밤에는 돌아와 실을 뽑는다"라고 했다. 또 청대 『진원부지(鎮遠府志)』의 '흑묘'부분에는 "흑묘는 진원(鎮遠)의 청강, 태공, 승병(勝秉)에 거주했다.…… 의복이 검어 흑묘라 불렀다. 여자들은 긴 비녀로 머리를 말고 귀에 큰 고리를 찼다. 은으로 만든 목걸이를 착용했고 짧은 옷을 입었는데 자수를 놓은 비단으로 만들었다.…… 여자들이 직접 실을 뽑고 색을 물들였으며 소매에 그림을 그려 색색별로 수를 놓았다"라고

서강태공묘족(西江台拱苗族)

기록되어 있다.『칠십이묘전도(七十二苗全圖)』에서 묘사한 누거흑묘(樓居黑苗)도 이와 완전히 일치한다.

현지조사에 따르면 지금도 뇌산현 서강 일대의 묘족은 누거흑묘의 수많은 전통을 그대로 따르고 있다고 한다. 예를 들면, 여성들은 거대한 뿔 모양의 백은 머리장식과 은으로 만든 귀걸이·목걸이·팔찌를 착용하고 있다. 또한 여전히 검은 빛깔이 도는 천 위에 수를 놓고 주로 소매를 장식한다. 세계에서 가장 큰 묘족 마을, 간란식(干欄式) 건물이 즐비한 천호묘채(千戶苗寨)에 살면서 여전히 위층에는 사람이 살고 아래층에서 가축을 키운다. 관련기록과 연구를 종합해보면 청대 누거흑묘는 경제적으로 부유했고 건축도 발달했으며 귀신을 믿고 조상숭배를 중시한다. 이 같은 특징이 청수강형 서강태공식 묘수에 그대로 녹아있다.

3) 청수강형 기타 양식 자수

① 혁일(革一)지파: 옛 문헌에는 흑산묘(黑山苗)라 칭했고, 자신들은 Mu(木)라 칭한다. 중북부 묘어 방언 혁일(革一)을 사용한다.

② 황평(黃平)지파: 옛 문헌에는 자강묘(紫薑苗)라 칭했고, 자신들은 Meng(蒙)이라 칭한다. 중북부 묘어 방언 황평토화(黃平土話)를 사용한다.

③ 대당(大塘)지파: 옛 문헌에는 단군묘(短裙苗)라 칭했고, 자신들은 Ga long(嘎斨)이라 칭한다. 중북부 묘어 방언 대당토화(大塘土話)를 사용한다.

④ 고구(高丘)지파: 옛 문헌에는 흑생묘(黑生苗)라 칭했고, 자신들은 Mu(木)라 칭한다. 중동부 묘어 방언을 사용한다.[양정문(楊正文),『묘족복식문화』, 귀주민족출판사, 1998년]

(2) 도류강형(都柳江型) 자수의 제작자와 사용자

1) 도류강형 여종용식(黎從格式) 동수(侗繡)

도류강형 여종용식 동수는 주로 남부방언지역의 동족(侗族)이 제작하고 사용했다. 동족은 귀주 소수민족 가운데 세 번째로 인구가 많으며 자신들을 Geng(更)이라 불렀다. 진·한(秦·漢)시기 지금의 동남 연해 일대에 거주한 이들을 백월(百越) 부락이라 했는데, 낙월(駱越)은 백월의 한 지파이다. 진시황(秦始皇) 때 50만 대군이 영남 정벌에 나섰는데 공격을 감당하지 못한 일부 낙월 부락민들이 서쪽으로 이주했고 이들의 후손이 도류강 유역에 자리 잡기 시작했으며 이들이 바로 동족의 선조이다. 위·진(魏·晉)시기 이후 이들은 요(僚)라 불렸고, 당(唐)나라 때는 동만(峒蠻), 송(宋)나라 때는 흘령(仡伶)이라 불렸다. 명

묘족 대당(大塘)지파

묘족 고구(高丘)지파

대(明代) 광로소(鄭露所)가 쓴 『적아(赤雅)』에는 동족이 요(傜)의 일부라는 기록이 남아있다. 당대부터 청대(淸代)에 이르기까지 중앙정부는 동족지역에 기미주(羈縻州)를 만들고 동족 관리를 뽑아 다스렸다. 그러다 다시 청나라 조정은 중앙에서 관리를 파견해 직접 통치했다. 모든 부락은 장로나 향로가 마을을 관장한다. 동족의 주생산은 메벼이고 농사를 짓고 물고기를 길렀으며 나무도 키웠다. 건축기술이 뛰어나 동희(侗戲)·고루(鼓樓)·풍우교(風雨橋)는 동족을 상징하는 중요한 표식이다. 동족은 만물에 영혼이 깃들어 있다고 믿었으며 모계씨족사회의 특징을 그대로 가지고 있어 주로 여신을 믿는데, 살세[薩歲, 부락을 만든 조모(祖母)]를 최고의 신으로 추앙한다. 동족의 복식은 자신들이 실을 뽑고 천을 짜고 색을 들인 동포(侗布)를 사용했다. 특히 청색·자색·남색·백색·연한 남색을 주로 사용했고 상의·앞치마·아기띠·담뱃갑·허리띠·자루·신발·모자·신발 안창·치마 등 대부분에 자수를 장식했다. 지역에 따라 심지어는 마을에 따라 자수의 풍격은 달랐다. 동족이 착용한 은장신구의 종류도 매우 다양하고 정교하며 아름답다. 남자들의 전통복장은 옷깃이 없고 오른쪽으로 여미는 반팔에, 통이 넓은 바지를 입는다. 갈고리 구름모양의 꽃신을 신고 큰 머리띠를 두르는데 정수리에 머리를 남겨두기도 한다. 여자들의 전통복장은 크게 치마와 바지로 나뉘고 지역마다 수십 가지 차이가 있다. 어떤 지역은 옷깃이 없고, 오른쪽으로 여미는 상의를 입고, 단추는 은구슬을 박으며, 쪽을 지고, 두건을 쓴다. 또 긴 허리띠를 차 휘날리게 한다. 어떤 지역은 무릎까지 오는 긴 옷을 입고 삼각두건을 쓴다. 또 다른 지역은 옷깃이 없고 오른쪽으로 여미는 상의를 입는데 길이가 무릎까지 온다. 옷깃, 소맷부리, 바짓단을 화문(花紋)으로 장식하기도 하고 흰 양말에 꽃신을 신기도 한다. 또 소매가 크고 옷깃이 없는 옷을 입는 지역도 있다. 바지나 치마의 통이 크고 머리에 은비녀를 꽂는 곳도 있고, 소매가 넓고 오른쪽으로 여미며 봉황·화초·나비로 소매를 수놓아 장식하고, 치마의 길이가 무릎을 넘고 짚신을 신는 곳도 있다.[『동족간사(侗族簡史)』, 귀주민족출판사, 1985년] 동족은 자신들의 조상인 월인(越人)의 문화와 풍습을 계승했다. 예를 들면, 고대 월인들은 호리병을 허리춤에 차 강을 건너는 도구로 사용했다. 이를 요주(腰舟)라 불렀는데 지금도 동족들은 허리에 호리병을 맨다. 물론 여기에는 조상들을 기념하는 뜻이 담겨 있다.[장백여(張柏如),

『동족복식탐구』, 중국 대만:『한성(漢聲)』잡지사, 1994년]

도류강(都柳江) 여종용(黎從榕) 동족(侗族)

실을 뽑고 있는 여평현(黎平縣)의 동족

도류강(都柳江) 월량산(月亮山) 묘족 여성 복식 – 백조의(百鳥衣)

도류강 여평(黎平)의 융수(融水)지파

2) 도류강형 단도식(斷都式) 묘수(苗繡)

도류강형 단도식 묘수는 흑령묘(黑領苗)가 주로 만들고 사용했다. 흑령묘는 흑묘(黑苗), 고표묘(鼓瓢苗), 화의묘(花衣苗)라고도 하며, 자신들을 Mu(木) 또는 Meng(蒙)이라고 부른다. 평영(平永), 타어(打漁), 팔개(八開), 가구(加鳩), 용강(榕江) 묘족의 지파이다. 이들은 모두 중남부 묘어 방언을 사용한다.『팔채현지고(八寨縣志稿)』의 기록을 보면, "흑묘, 단군묘(團裙苗)라고도 하는데 허리까지 내려오는 검은 상의에 천을 잘라 만든 치마를 입는다. 머리를 땋고 검은 두건을 쓰는데 '만(萬)'자 모양이다. 여자들은 머리에 긴 비녀를 꽂고 귀에 긴 고리를 찬다. 큰 원형 목걸이를 착용하는데 모두 은으로 만든 것이다. 남녀 모두 짚신을 신었다"라고 하였다. 민국(民國)시기의『용강향토교재(榕江鄕土敎材)』제7장에 또 상세한 기록이 있다. "여자들은 푸른색 포패(布帕)에 치마를 입는다. 그런데 포패에는 무수히 많은 화문으로 장식한다. 옷의 색채와 형상이 마치 고대 황후의 조복(朝服) 같다. 정수리 앞으로 머리를 틀어 올리고 목에 손가락 굵기의 은목걸이를 착용한다. 집안의 빈부나 취향에 따라 하나에서 열 개까지 착용한다. 목걸이의 크기와 길이도 다르다. 아름다운 묘족 여성이 전통복식을 완전하게 갖춰 입으면 고대 황후와 구분이 안 될 정도이다." 단도식 자수는 묘족의 백조의(百鳥衣)와 제사번(祭祀幡)에 사용된다. 고장절(鼓藏節, 조상에게 제사지내는 날) 제사 때 남자는 호생(蘆笙, 갈대로 제작한 생황)을 손에 들고 고장복(鼓藏服)을 입는데 화문을 가득 수놓기도 한다. 여자의 전통복식은 백조의라 한다. 옷깃에서부터 하단까지 내려오는 앞치마를 두르고 등에 띠를 차는데 정교한 자수로 장식한다. 제사번은 제사 때 사용하는 깃발로 자수장식이 많지는 않다. 월량산(月亮山)의 흑령묘는 원시상태의 묘족 풍습과 예술을 많이 보존하고 있다. 묘족 원시 복식과 자수 연구에 있어서 살아 있는 화석이라 할 수 있다. 월량산 깊은 곳에서 거주하며 오랫동안 외부와 단절된 채 살아왔기 때문에 원시적인 풍모를 그대로 간직할 수 있었다.

3) 도류강형 기타 양식 자수

① 묘족(苗族) 융수(融水)지파: 융수지파는 옛 문헌에 흑묘의 한 지파로 적혀있다. 흑묘의 일부가 광서성(廣西省) 융수 일대에 거주하면서 융수지파로 분리되었다. 이들 가운데 일부는 검동남(黔東南) 여평현(黎平縣)과 종강현(從江縣)의 고무(高武)·중리(中里)·반리(潘里)에 거주한다. 융수지파는 자신들을 Mu(木) 혹은 Daji(達吉)라 부르고 묘족 중남부 방언을 사용한다.

② 수족(水族): 수족은 수수(水繡)를 만들고 사용한다. 검남(黔南) 삼도현(三都縣)과 여파현(荔波縣) 지역에 거주하며 자신들을 Sui(雖) 라고 부른다. 수어(水語) 삼동(三洞) 방언을 쓴다. 수족의 선조는 동족의 선조처럼 백월(百越)의 하나인 낙월(駱越)의 한 지파에 속한다. 일찍이 진·한(秦·漢) 이전 동남 연해 일대에 거주했 는데 214년 진나라가 영남지역을 통일하자 수족의 선조들 은 북쪽으로 용강(龍江)을 따라 올라가 검계(黔桂) 변경으로 이 주했다. 그 후로 낙월에서 분리되어 수·당(隋·唐)시기 하나의 독립된 민족이 되었다. 당·송(唐·宋) 때 장동(壯侗)의 각 민족과 함께 요(僚) 또는 무수만(撫水蠻)으로 불렸다. 『송사(宋史)·만이(蠻 夷)』에 다음과 같이 기록되어 있다. "지도(至道) 원년(995년)······ 서남 장가(牂牁)의 여러 오랑캐가 지방 특산물을 바쳤다. 태종 (太宗)이 알현하시어 지리와 풍습에 대해 물으셨다. 역관이 '의 주(宜州)에서 육로로 가면 45일이 걸리고 토양은 오곡이 자라 기에 적합하여 벼가 다양합니다'라고 아뢰었다." 수족은 청 대 수가묘(水家苗) 혹은 수가(水家)라 불렸고, 중화민국 성립 후에 정식명칭을 수족으로 제정했다. 수족은 수서(水書) 혹은 수족 반서(水族反書)라는 자신들만의 문자를 만들었다. 수서는 4백여 개의 단어가 있는데, 글자의 형태가 초기 갑골문(甲骨文)과 유 사했다. 상형자(象形字), 형성자(形聲字), 회의자(會意字)와 많이 닮았 으며 일부 그림문자와 숫자의 형태는 한자를 거꾸로 쓰거나 반대로 쓴 모양과 유사했다. 이 문자는 2천 년의 역사를 지 녔지만 종교·역법·의약·점술과 같은 활동과 역사기록에 만 사용되었다.

(3) 귀주 지역 기타 자수의 제작자와 사용자

1) 검서남주(黔西南州) 정풍현(貞豊縣)의 묘족

검서남주 정풍현[삼하(三河), 납와(納窩), 만람(挽藍), 민곡(珉穀), 대비(大脾), 정당(定 塘), 공둔(孔屯), 파매(坡妹)]의 묘족은 흑묘(黑苗)라고도 한다. 이들의 선 조는 청대 옹건(雍乾)에서 봉기한 묘족 봉기군 수령과 주도세 력 및 그들의 가족이다. 검동남 황평(黃平) 일대에 거주하며, 역사에서는 자강묘(紫薑苗)라 부른다. 옹건 봉기에 실패한 뒤 조정의 추격과 보복을 피해 이곳에 은둔했다.

2) 안보(安普)지파

화묘(花苗)라고도 한다. 귀주성 안순시(安順市)와 보정현(普定縣) 북 동부, 진녕성관(鎭寧城關)과 동부 각 부락에 거주한다. 서부 묘 족 방언을 사용한다.

3) 아궁(阿弓)지파

도류강(都柳江) 삼도(三都) 수족(水族)

정풍(貞豊) 묘족(苗族)

육충하(六沖河)지파의 여성

육충하(六沖河)지파의 남성

장각묘(長角苗) 또는 정묘(菁苗)라고도 한다. 직금현(織金縣) 아궁(阿弓) · 순룡(順龍) · 보알(普噯) · 나목(俚木) · 계장(雞場), 납옹현(納雍縣) 덕과(德稞) · 육지사알(六枝梭噯) · 냉장(冷場) · 서장(鼠場), 보정현(普定縣) 매동(煤硐) · 마장(馬場)과 같은 지역에 거주한다. 서부 묘족 방언을 사용한다.

4) 상서검동(湘西黔東)지파

홍묘(紅苗)라고도 한다. 귀주성 접경 안 송도(松桃) · 동인(銅仁) · 강구(江口) · 인강(印江), 석천(石阡) · 덕강(德江) · 연하(沿河) · 옥병(玉屏)에 거주한다. 동서부 묘족방언을 사용한다.

5) 육충하(六沖河)지파

소화묘(小花苗)라고도 한다. 검서북(黔西北)의 혁장(赫章) · 납옹(納雍) · 위녕(威寧) · 직금(織金) · 필절(畢節) · 대방(大方)에 거주한다. 서부 묘족 방언을 사용한다.

6) 위녕(威寧)지파

대화묘(大花苗)라고 하며 귀주성 위녕 각지에 거주한다. 서부 묘족 방언을 사용한다.[양정문(楊正文), 『묘족복식문화』, 귀주민족출판사, 1998년]

7) 토가족(土家族)

토인(土人), 토정(土丁), 토만(土蠻)이라고도 한다. 토가족은 고대 파인(巴人)과 관련이 있다. 오늘날 귀주성의 토가족은 연하(沿河) · 덕강(德江) · 무천(務川) · 사남(思南) · 인강(印江) · 강구(江口) · 동인(銅仁) 등 고대 파국(巴國)의 남쪽에 거주하고 있다.

8) 둔보인(屯堡人)

노한인(老漢人)이라고도 한다. 명대(明代) 초기 둔군(屯軍)의 후손으로 안순(安順) · 진녕(鎭寧) · 관령(關嶺) · 보정(普定)과 같은 지역에 살며 사용하는 언어는 고대 한어(漢語)에 속한다.

이외에도 귀주민족 민간자수를 만들고 사용했던 민족으로 포의족(布依族), 흘료족(仡佬族), 요족(瑤族), 이족(彝族), 회족(回族), 모남족(毛南族)이 있지만 지면관계상 자세히 기술하지 않겠다.

4. 귀주민족 민간자수의 예술풍격

귀주성(貴州省)은 중원(中原)문화 · 형초(荊楚)문화 · 백월(百越)문화 · 파촉(巴蜀)문화 · 저강(氐羌)문화 · 야랑(夜郞)문화가 교차하는 지역이다. 귀주민족 민간자수는 중국 고대 예술전통을 계승하고 발전시켰다. 각 소수민족의 원시종교, 토템의식과 밀접한 관련이 있으며 상상력이 풍부한 낭만적인 풍격에 속한다. 귀주민족 민간자수는 사실적인 묘사를 추구하지 않고 문인들의 글과 그림을 모방하지도 않는다. 자수예술이 가진 본연

구고묘(九股苗), 청대(清代) 서화첩 『칠십이묘전도(七十二苗全圖)』

의 원칙들을 따르며 재료와 공예기법의 특징을 충분히 발휘하여 예술창작의 독립성, 독창성, 자율성을 견지한다. 송·원·명·청대(宋·元·明·淸代) 이후로부터 중국 주류 전통자수와 비교해보면 귀주민족의 민간자수는 예술풍격에 있어서 하나의 특징을 만들었으며 예술성과에서도 손색이 없다. 귀주민족 민간자수는 내용과 형식에 봉건계급제도의 구속을 받지 않아 평등하고 자유로운 예술로 자리 잡았다. 가령 황제만 사용할 수 있었던 황금색과 용문양은 귀주에서 누구라도 전통복장에 사용할 수 있다. 귀주 소수민족의 여성들은 여성의 시각에서 세계와 아름다움에 대한 인식을 자수를 통해 이야기하고 표현했다. 아울러 만물에 영혼이 깃들어 있다는 원시종교의 신앙도 자수에 담았다. 귀주민족 민간자수의 형식은 상당히 도식화·장식화·형식화·다양화되어 자수 속에 귀주 지역의 문화특징이 짙게 배어 있다.

(1) 청수강형(淸水江型) 자수의 예술풍격

1) 청수강형 시동식(施洞式) 묘수(苗繡)

청수강형 시동식 묘수는 주로 여자와 아이들의 옷에 장식했다. 연구자료의 부족으로 고대 구고묘(九股苗) 남자 복식에도 자수장식이 널리 사용되었는지는 확실히 알 수 없다. 구고묘의 전통자수는 여자들의 옷깃·어깨·소매·앞치마·주름치마 자수와 아이들의 모자·턱받이·신발에서 찾아볼 수 있다. 이 가운데 여자들의 소매에 장식된 자수가 가장 면적이 크고 공예기법과 예술 수준이 높다.

앞치마에 장식된 자수도 면적이 크다. 그러나 전통 앞치마는 가운데를 면으로 장식해 자수는 부수적으로 이용되었고, 도안도 비교적 한화(漢化)되었다. 전통 앞치마는 면을 많이 쓰고 자수로 장식하는 경우는 아주 적다. 그러나 1950년대 이후로 앞치마 장식에 자수가 많이 보이고 있다. 시동식 묘수의 구도는 2차원적으로 채우는 식이다. 바탕천을 평평하게 펼쳐놓고 각각의 도안이 가리지 않게 배치하는데 이때 대칭이 매우 중요하다. 소매장식은 몇 가지 폭이 다른 띠를 조합한 구도로 사각형의 가장자리를 둥글둥글한 모양으로 가득 채운다. 약간 돌출된 자수도안에서 입체감이 느껴지고 도안 사이를 메운 운뢰문(雲雷紋)이 역동적인 느낌을 준다. 게다가 도안이 조밀하여 리듬감이 풍부하다. 이렇게 사각형 안에 원형을, 정적 속에 움직임을 가하는 구도는 상·주대(商·周代) 청동기에 장식된 문양과 같은 느낌을 준다. 시동식 묘수

시동식(施洞式) 묘수(苗繡) 위요(圍腰, 앞치마)

는 완전히 독특한 조형으로 정상적인 가운데 기이함을 주는 것이 주된 특징이다. 도안의 테두리는 멀리서 보면 가지런하고 규칙적인데 가까이서 보면 조형이 과장되고 특이하여 원시토템과 같은 느낌이 강하다. 동물 조형은 현실의 제약이 없기 때문에 『산해경(山海經)』과 같은 상고(上古)시대의 신화 속에 나오는 동물이 연상된다. 가령 물고기의 몸에 공작새의 꼬리를 붙인다거나 새의 깃털을 꽃으로 만드는 것처럼 말이다. 또 천상의 궁전을 표현하기 위해 지붕을 날아다니는 나비로 바꾸기도 한다. 사람들에게 동물의 정면과 측면을 동시에 보여주기 위해 눈의 크기를 머리만큼 크게 만들기도 한다. 이런 작품은 마치 피카소의 그림과 같은 효과를 주는데, 기발한 착상과 완벽한 구도를 구현한다. 게다가 사람과 짐승의 몸을 합쳐 양쪽을 모두 변형시켜, 사람과 짐승을 결혼시키거나 동물과 식물을 함께 자라나게 한다. 이러한 낭만주의 표현기법은 첫눈에는 이치에 맞지 않고 황당해 보인다. 그러나 사람들의 심미관념으로 말하자면 이런 기법을 운용하지 않으면 인간이 가진, 아름다움을 추구하는 강렬한 마음을 충분히 담아내지 못할 것이다. 이런 기법은 미적 규율에도 부합하면서 시동묘족의 무속문화 사유방식을 드러내고 있다. 시동식 묘수에서 가장 흔하게 보이는 천은 자줏빛이 옅게 감도는 검은색 천이다. 붉거나 푸른색의 비단을 사용한 것도 드물게 보인다. 붉은 색감의 자수는 주홍색이나 장밋빛 붉은 색을 위주로 흰색이나 옅은 황색 실로 가장자리에 감침질을 한다. 그림 위에 작게 흰색·녹색·남색·자색의 색 덩어리를 붙여 화려한 색채효과를 표현한다. 푸른 색감의 자수는 코발트블루를 위주로 옅은 색으로 가장자리를 두른다. 그림 위에 작게 황색·홍색·백색·녹색·자색을 덧붙여 정적이면서 우아한 색채 효과를 표현한다.

2) 청수강형 서강태공식(西江台拱式) 묘수(苗繡)

서강태공식 묘수는 사용범위가 시동식 묘수와 기본적으로 비슷하다. 차이가 있다면 시동식 묘수가 주름치마에 주로 사용했다면 서강태공식 묘수는 주름치마를 포함해 다양한 치마에도 사용했다는 점이다. 서강태공식 묘족의 복장은 태강(台江) 지역을 제외하고 앞치마를 입지 않았다. 그러나 태공(台拱) 지역의 묘족은 항상 앞치마나 띠를 댄 치마를 입었다. 1930년대부터 뇌산(雷山) 일대의 여성들은 평상복을 간편하게 바꾸어 반팔과 긴 바지에 배두렁이만 입었다. 상의의 자수문양도 상당히 간단해졌고 한화(漢化)되었다.

묘족 자수 대군(帶裙, 띠치마)

서강태공식 묘수에서 가장 대표성을 띄는 것은 바로 여성복의 소매장식이다. 용·새·나비·누에·물고기·들짐승·꽃·과일·종묘·인물 등 다양한 문양을 사용했는데, 이 중 이른바 '꽃 속의 꽃'을 그리는 기법이 가장 특징적이다. 즉, 주가 되는 도안 속에 약간의 부수적인 도안을 그려 넣는 것인데, 가령 물고기 배에서 복숭아가 생기고, 또 복숭아 속에서 용이 자라는 문양과 같다. 나비의 몸에는 각종 동물과 식물이 성장할 뿐 아니라 사람과 누각까지도 그 안에 담아낸다. 용의 조형은 간결하다. 원시적이며 순박하고 서툴러 어떤 용은 깃털은 있는데 뿔이 없고 어떤 용은 발톱이 없다. 태공의 묘족 의상 가운데 앞치마 장식은 시동식 묘족과 유사하다. 앞치마 중간에 화문(花紋)을 넣고 양쪽에 부수적인 화문을 그린다. 시동식 복장에서 면으로 앞치마의 주요 문양을 만들었다면 태공식 앞치마는 전체 자수라는 점이 다르다.

서강태공식 복장은 한족 도안의 영향을 받아 봉천모란(鳳穿牡丹), 기린송자(麒麟送子), 길상한자(吉祥漢字)와 같은 도안을 그렸고, 차침수(戗針繡)를 많이 썼다. 추수(縐繡)는 다양한 암녹색을 위주로 썼다. 변수(辮繡)는 더욱 풍부한데, 바탕천에는 적색과 남색의 비단에 짙은 녹색에서 옅은 녹색을 비롯해 적색, 등황색, 황색, 남색, 자색, 흑색 등 다양하게 사용했다. 추수와 변수의 특징은 자수도안의 풍격을 결정짓는다는 것이다. 자수를 기칠게, 완전하게, 풍만하게, 원만하게 만들 수 있다. 그러나 정교한 화문은 드물고 큼직큼직한 도안 사이에 시동식 묘수처럼 운뢰문(雲雷紋)을 채워 넣지도 않았다. 서강태공식 복장은 띠치마(帶裙)가 있다. 띠치마는 수십 가닥의 채색된 비단 줄을 한 바퀴 돌려서 만든다. 한 줄기마다 세 가닥에서 다섯 가닥으로 수놓은 자수 조각을 붙여서 완성한다. 띠치마의 모양과 색상은 상당히 한화되어 차침수를 주로 사용했고 한족들이 즐겨 사용하던 문양으로 장식했다. 때문에 상의의 자수도안과 완전히 다른 풍격을 보여준다. 띠치마는 명·청시기 한족 지역에서 널리 유행하던 '봉미군(鳳尾裙)'과 매우 닮았다. 따라서 서강태공식 띠치마는 한족복장에서 유입된 것임을 알 수 있다.

3) 청수강형 기타 양식 자수

① 혁일묘수(革一苗繡)

혁일묘수의 전통자수는 주로 여성들의 옷깃, 어깨, 소매, 상의 하단, 배선(背扇, 아기띠)에 사용되었다. 이중 자수면적이 큰 배선이 가장 특징적이다. 바탕천은 자색이 감도는 검은 천을

잠룡(蠶龍)도안[뇌산현(雷山縣) 서강(西江)]

쌍신룡(雙身龍)[뇌산현 서강]

쌍두룡(雙頭龍)[뇌산현 서강]

청수강형(清水江型) 혁일묘수(革一苗繡)

사용한다. 도안은 크게 둘로 나눌 수 있는데 예술풍격도 그에 따라 결정된다. 하나는 전수(纏繡)기법으로 테두리를 장식했고 타자수(打籽繡)로 채워 완성하는 것이다. 도안을 보면 색상의 변화를 담았는데 안에서부터 밖으로 자색, 적자색, 주홍색, 진녹색, 담녹색, 백색의 변화를 주어 색상이 매우 우아하다. 소매장식의 도안은 비교적 정형화되었다. 주로 꽃·과일·새·나비를 그리고 변수(辮繡)와 추수(縐繡) 기법으로 수놓아 서강태공식 묘수와 비슷한 질감이다. 그러나 배선의 도안은 묘족의 옛 노래 속의 신화나 전설을 표현하여 상당히 풍부하다. 구도와 조형, 그리고 내용면에서 시동식 묘수의 소매장식과 매우 유사하다. 또 다른 하나는 자수를 겹쳐 놓는 첩수(疊繡)구성이다. 주로 남색에 자색, 적자색, 귤홍색, 백색의 작은 색 덩어리를 배합해 사용한다. 기하학적 문양이나 꽃, 새, 물고기 문양의 도안이 많이 사용된다. 혁일묘족의 화려한 복장에는 첩수를 많이 쓰고 평상복에는 타자수를 자주 사용한다. 물론 같은 자수작품에 이 두 가지 기법을 섞어서 사용하기도 한다. 테두리가 하얀 타자수 도안과 가장자리를 꿰매지 않은 첩수 도안을 배합하면 명암이 교차되는 효과가 있다. 둥글둥글한 타자수 도안과 각이 분명한 첩수 도안을 배합하면 확실한 대비효과가 나타난다. 또한 사실적인 타자수 도안과 추상적인 첩수 도안을 배합하면 특이한 장식효과를 준다. 혁일묘수의 생산지는 시동식 묘수와 서강태공식 묘수의 사이에 있다. 따라서 혁일묘수는 이 두 묘수의 예술풍격과 기법상 관련이 있다. 이러한 사실들로 유추해보자면 혁일묘수는 분명 시동식 묘수와 서강태공식 묘수를 종합하여 발전시킨 유형이라 할 수 있다.

② 황평묘수(黃平苗繡)

황평묘수는 주로 자흑색의 광택이 나는 천을 쓴다. 때로는 용담즙(龍膽汁)을 발라 풍뎅이 껍데기 같은 금속광택 효과를 내기도 한다. 황평묘수의 전통자수는 주로 여성의 옷깃·소매·등·주름치마·미혼여성의 모자·아이의 백자의(百子衣)에 사용되었다. 이 중 여성의 등과 배선(背扇)에 장식된 자수가 면적이 가장 크고 특징적이다. 자수기법은 쇄수(鎖繡)와 수사수(數紗繡)를 위주로 사용했고 간혹 평수(平繡)를 쓰기도 했다. 황평묘수는 적색을 위주로 하여 소량의 남색을 쓰고 백색, 황색과 배합한다. 도안이 매우 조밀하여 바탕천이 잘 보이지 않는다. 기하학적 문양·꽃·갈고리 구름·나비 문양을 주로 사용했고, 사방연속(四方連續) 혹은 이방연속(二方連續) 도

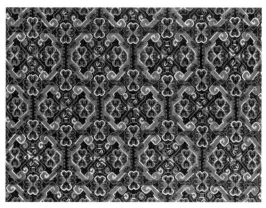

청수강형(清水江型) 황평묘수(黃平苗繡)

청수강형 황평자수

안을 많이 사용했다. 또한 여자아이가 입는 백자의에는 기하학적 느낌의 아이 조형이 두루 사용되었다. 황평묘수의 가장 큰 특징은 그 문양과 색채가 초(楚)나라와 한(漢)나라의 칠기를 닮았다는 것이다.

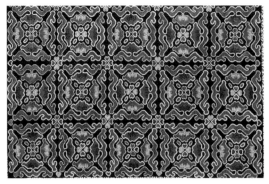

③ 혁가자수(僮家刺繡)

혁가인(僮家人)의 전통자수는 주로 염색과 결합해 사용한다. 여성과 아이들의 소매와 등·앞치마·주름치마·배선에 사용되었다. 혁가인의 전통자수는 아마도 청대(淸代) 남자들의 한족화된 복식의 영향을 크게 받은 것 같다. 그러나 아쉽게도 오늘날 고대 혁가인들의 남성 복식은 전해지지 않으며 1994년 하롱절(Halon, 哈龍節) 때 혁가 여성들이 예부터 마을에서 전해 내려오는 전설에 상상력을 더하여 전해지지 않는 남성 복식을 재현했다. 이때 남성 복식 소매에 자수장식이 있었는데 여성의 소매장식과 크게 다를 바가 없었다. 비교적 독특한 것은 원추형의 남성용 모자로, 묘족 위녕(威寧)지파와 모양이 비슷하다. 혁가자수는 손으로 짠 청색무명을 바탕으로 기본적으로 기하학적 무늬와 기하학적으로 변한 꽃·갈고리 구름·개구리·나방으로 장식한다. 간혹 동고(銅鼓)나 새 문양을 장식하기도 한다. 수사수(數紗繡)와 쇄수(鎖繡)를 결합해 쓰고 염색과 함께 사용하여 남색과 다른 색상과 잘 어울린다. 사각형의 자수 문양과 원형의 염색 문양은 대비효과를 주고 추상적인 자수도안과 구체적인 염색도안의 배합이 서로 잘 드러난다.

④ 대당묘수(大塘苗繡)

대당묘족의 전통자수는 주로 여자의 앞치마와 신발에 사용되었다. 자흑색의 광택 천에 기하학적 문양 혹은 기하학적으로 변화된 꽃잎이나 새 문양을 바탕천이 거의 보이지 않을 정도로 가득 자수로 장식한다. 여자의 상의에는 꽃문양이 가득하나 치마에는 꽃문양이 없고 너비가 10~30cm이다. 수사수(數紗繡) 기법을 사용했고 적색·녹색·황색·백색·남색처럼 비교적 화려한 색상으로 비단과 같은 예술효과를 나타낸다.

⑤ 고구묘수(高丘苗繡)

고구묘수의 가장 큰 특징은 바로 독특한 자수인 석수(錫繡)이다. 앞치마와 조끼에 자흑색 광택 천에 은색 주석 막대를 나란히 박아 도안을 만든다. 상당히 기하학적으로 변화된 '만(萬)'자와 '수(壽)'자 문양이 많다.

도류강(都柳江) 여종용(黎從榕) 동족(侗族) 남성 복식 – 노생복(蘆笙服)

도류강 여종용 동족 여성 복식 – 월량복(月亮服)

(2) 도류강형(都柳江型) 자수의 예술풍격

1) 도류강형 여종용식(黎從榕式) 동수(侗繡)

여종용식 동수는 종류가 많은데, 저마다 다른 예술특징과 제작공예를 갖고 있다. 여기서 가장 특색 있고 예술적으로 성취가 높은 노생복(蘆笙服) 자수와 월량복(月亮服) 자수 그리고 기타 여성복식 자수를 소개하겠다.

노생복은 원래 고대 동족(侗族) 수령이 입던 옷인데 후에 동족이 제사를 지낼 때나 행사를 치를 때 노생(蘆笙)을 손에 든 의례복으로 변했다. 노생복은 주로 상의나 깃 없는 조끼, 잎사귀 모양의 치마, 끈 달린 치마로 구성된다. 상의의 자수면적이 큰데 어떤 것은 꽃으로 가득 채웠다. 가장 유명한 것은 여평현(黎平縣)의 구강향(口江鄕)과 상중진(尙重鎭), 종강현(從江縣)의 재편진(宰便鎭)과 신지(信地) 일대의 노생복이다. 노생복은 일반적으로 검은색의 광택 천을 바탕으로 적색·남색·녹색과 같은 색상을 조합 혹은 따로 사용한다. 자수제작은 평면구성기법을 사용해 먼저 사각형과 삼각형의 자수 조각을 만든 뒤 바탕천에 꿰매 붙인다. 십자수·염색·깃털장식과 같이 조합해 전체 도안을 구성하는데 때로는 한 벌에 50~60개의 자수 조각이 사용되기도 한다. 주로 평수(平繡), 포첩수(布貼繡), 전수(纏繡) 기법을 사용했다. 바늘과 실이 두껍지만 사용된 도안이나 전체적인 효과와 질감이 나쁘지 않다. 주로 거대한 꽃과 등나무, 가지가 얽혀있는 풀·호리병·용·뱀·나비·태양·달·동고(銅鼓)와 같은 문양으로 장식했는데 둥글둥글하면서 크다. 문양의 색상은 주홍색·적토색·등황색·황색·초록·연한 남색·백색·흑색을 중심으로 대부분 따뜻한 색을 사용했다. 노생복의 자수는 도안이 크고 색상의 면적도 커서 화려한 것이 가장 큰 특징이다.

월량복은 여평현의 중조(中潮)·구조(九潮)·구강(口江) 일대 동족 여성의 복장이다. 상의, 배두렁이, 앞치마, 띠치마로 구성되어 있고 앞자락·등·상의 하단·치마에 자수를 사용했다. 검은 광택 천에 흰색실로 문양을 수놓았으며 약간의 색실을 사용한 것도 있다. 쇄수(鎖繡)와 비슷한 기법을 위주로 하여 마치 나무를 가득 깔아놓은 것 같다. 여기에 평수(平繡), 수사수(數紗繡), 포첩수(布貼繡)를 부수적으로 이용했다. 주요문양은 다양한 빛을 발하는 달·용·별·기하학적인 문양을 배합한 것이다. 조용한 밤하늘에 환하게 빛나는 달빛과 같은 예술효과를 나타낸다. 아래는 광활한 대지와 물결을 표현했으니 이러한 까닭에 월량복이라 칭했다.

동족의 여성 복식은 종류가 매우 다양하다. 그러나 대체로 상의·배두렁이·앞치마·주름치마·배선(背扇)이 주를 이룬다. 지역에 따라 상의를 장식하는 자수문양이 많기도 하고 적기도 하지만 대부분이 등·상의·배두렁이·앞치마 장식에 사용된다. 그 중 여평현과 용강현(榕江縣)의 여성 복식에서 보이는 전수(纏繡)와 타자수(打籽繡)가 훌륭하다. 이들은 주로 태양·달·용수(榕樹)·꽃·용·봉황·거미·물고기·말·나비·구름·물·고루(鼓樓)·기하학적인 도안을 사용했다. 색채가 아름다운데 화려한 것도 있고 복잡한 것도 있으며 단순한 것도 있다.

여평묘수(黎平苗繡)

2) 도류강형 단도식(丹都式) 묘수(苗繡)

단도식 묘수의 남성 복식 백조의(百鳥衣)는 지역에 따라 다른 색의 천을 사용한다. 가령 단채현(丹寨縣) 아회(雅灰) 지역은 흰색을, 용강현 팔개(八開) 지역은 붉은색을, 삼도현(三都縣) 도강(都江) 지역은 녹색을 주로 사용한다. 이와 반대로 여성 백조의는 대부분 자흑색의 광택 천을 주로 쓰고 녹색과 백색을 쓰기도 한다. 상의 자수도안은 상당히 많은데 새·새의 머리를 가진 용·지네용·나비·나방·뱀·물고기·개구리·제비·말·단풍잎·꽃·동고(銅鼓)·태양·별·달·'만(萬)'자·회문(回紋)과 각종 기하문이 있다. 문양의 형태는 대단히 원시적이고 순박하다. 토템의식과 무속문화의 분위기가 강하게 느껴진다. 백조의의 색상은 선명하면서도 화려하고 강렬하게 대비된다. 대부분 평수(平繡)를 위주로 수사수(數紗繡), 포첩수(布貼繡), 판사수(板絲繡)를 보조적으로 사용했고, 염색·면·깃털·구슬과 조합하여 사용했다. 역사적으로 묘족은 도류강(都柳江)을 통해 귀주로 들어왔다. 초기 묘족은 월량산(月亮山)에 터를 잡았다. 그곳은 큰 산으로 막혀있어 교통이 불편했기에 상대적으로 폐쇄된 문화를 형성할 수밖에 없었다. 마치 살아있는 화석처럼 묘족의 원시종교와 문화전통을 그대로 간직한 것이다. 단도식 묘수는 고서에 기재된 귀주 소수민족 복식의 조형·문양·색채·재질·제작기교를 그대로 보존했다.

단채현, 삼도현, 도균시(都勻市)에 거주하는 단채(丹寨)지파 묘족은 자신들을 Ga long(嘎弄)이라 부르고, 역사에서는 팔채흑묘(八寨黑苗)라 칭했다. 팔채 남성의 복식은 가로가 길고 세로가 짧은 독특한 모양이며 소매는 길고 앞섶은 곧다. 주로 앞섶·등·소매·옷자락에 자수를 놓았고 십자수, 염색과 함께 사용하였다. 주요 도안은 광망문(光芒紋)과 기하문, 그리고 비교적 한족화된 화조문(花鳥紋)이 있다. 부근에 있는 흑령묘(黑

領茵)의 자수와 풍격면에서 상당히 차이가 크다.

3) 도류강형 기타 양식 자수

① 여종용의 융수(融水)지파 묘수

융수지파 묘족의 전통자수는 주로 여자 상의·배두렁이·배선에 사용되었다. 이중 가장 특색 있고 예술수준이 높은 것은 등과 배선에 놓인 자수이다. 융수묘수는 자색이 감도는 흑색 광택 천에 가운데 거대한 태양동고(銅鼓) 문양을 하나 꿰매 달았다. 그 안으로 조두룡(鳥頭龍)·용·나비와 같은 도안을 채우고 태양동고 문양의 사방을 꽃으로 장식한다. 그리고 다시 그 안에 조수(鳥獸)·화초(花草)·권운(卷芸)과 같은 도안을 채운다. 만물은 태양에 의지해 자란다는 이치를 상징하는 것이다. 배선의 윗부분과 등의 하단에는 두 개의 삼각형 자수를 꿰매 달고 그 안에 꽃 같은 도안을 채운다. 먼저 포첩법(布貼法)으로 첫 번째 층의 큰 윤곽을 만들고 평수(平繡)로 위쪽의 두 번째 층 안의 도안을 채운다. 수사수(數紗繡)와 보침수(補針繡)로 세 번째 층의 세부 꽃문양을 수놓는다. 특징적인 것은 금속 실을 함께 사용한다는 것인데 이를 두고 피금수(皮金繡)라 한다. 금박이·구리·작은 거울을 도안에 붙이고 마지막으로 완성한 자수도안을 잘라 흑색 광택 천에 전체적으로 박는다. 바탕천의 가장자리는 뜨개질이나 자수로 만든 꽃으로 장식한다. 이렇게 층차가 만들어진 자수품은 조형적인 느낌이 강하다.

융수지파 묘족은 여평현의 동족과 함께 살았다. 때문에 복장의 형태나 자수도안의 배치가 기본적으로 유사하다. 물론 구체적인 도안의 내용이나 색채, 공예기법에는 차이가 있지만 이 두 민족은 오랫동안 함께 살았기 때문에 자수예술에 있어서 깊은 영향을 주고받았다. 때문에 복장 형식은 유사하나 도안에 내포된 의미나 형태, 예술풍격은 다르다. 이는 서로의 예술형식은 학습할 수 있지만 그 자수도안이 표현하고 있는 민족의 종교, 역사, 전설과 같은 문화적 함의는 바꾸지 못하기 때문이다.

② 수족(水族)자수

삼도, 여파(荔波) 수족의 남자 전통복장은 옷깃 없이 한쪽으로 단추를 채우는 푸른색 무명을 입고, 검은 천으로 머리를 휘감으며, 무릎보호대를 찬다. 노인들은 장삼을 입고 여자들은 검푸른 둥근 옷깃에 반팔 상의를 입는다. 거기에 긴 바지를 입고 앞치마를 두르며 수놓은 신발을 신는다. 수족 여성들의 전통복식은 대부분 수가포(水家布)를 사용하여 옷깃 없이 한쪽으로 단추를 채우는 장삼이나 무릎을 덮는 장삼을 입는다. 평상복에는 수를 놓지 않고 예복에는 어깨, 소매, 바지의 무릎 부분에 수놓은 꽃을 붙인다. 두건에도 색상이 화려한 도안을 그리고, 은관을 쓰며, 은으로 만든 목걸이와 팔찌, 귀걸이를 착용한다. 그리고 꽃을 수놓은 신발을 신는다. 수족 여성들은 미혼일 때 옅은 남색이나 녹색, 혹은 회색으로 만든 장삼을 즐겨 입는다. 상의는 비단으로 만들고 꽃문양을 수놓은 긴 치마를 입으며 청백색 긴 띠로 만든 두건을 쓰는데 전체적으로 차분하고 우아한 느낌이다. 기혼 여성들은 소매와 어깨, 바짓단에 난간 문양으로 꽃을 둘러 장식한다. 정수리에 머리를 묶어 올리고 오른쪽에 빗을 꽂아 고정시킨다. 어떤 여성은 속에 두건을 한 겹 두른 뒤 다시 기다란 흰색 두건을 가로로 넣는다. 어떤 여성은 꽃문양의 두건으로 감싼다. 전통을 지키면서 유행을 따르기도 한다. 삼도, 여파의 수족은 백령묘(白領苗)와 함께 살며 서로 결혼을 하기도 했다. 따라서 이들의 복장은 백령묘의 복장, 자수, 염색의 풍격에 따라 변했다. 단지 언어만 따로 사용할 뿐이었다.

삼도, 여파식 수족 자수는 여성의 배선 · 옷깃 · 소매 · 어깨 · 앞치마 · 아이 모자에서 찾아볼 수 있는데 이 가운데 배선에 놓인 자수가 가장 특징적이며 예술적으로도 수준이 높다. 배선의 자수는 문양의 면적이 큰데 일반적으로 위아래로 나눈다. 먼저 위쪽은 '꽃 속의 꽃' 구도로 큰 나비를 중간에 그린다. 사방에 직사각형 네 개를 그리고 정사각형 다섯 개와 삼각형 두 개를 그린다. 그 속을 꽃과 새로 세밀하게 채운다. 이는 수족 마을의 크고 작은 밭을 상징한다. 아래는 꽃으로 채운 태양을 가운데에 그리고 사방에 나비 네 마리와 조롱박 덩굴을 그린다. 삼도, 여파식 수족 자수는 배선을 만들 때 먼저 문양에 맞추어 마미수(馬尾繡)로 꽃문양의 윤곽을 수놓는다. 그 다음 중간에 평수로 장식하고 마지막으로 각각의 꽃문양을 바탕천에 연결해 꿰맨다. 이렇게 전체적인 모양이 갖춰지는데 공예기법이 독특하고 예술적 효과가 뛰어나 사람들에게 경태람(景泰藍, 명대 공예품)을 연상시킨다. 그러나 모든 배선이 색상의 차이 혹은 약간의 문양이 변화될 뿐 상당히 단일화되어 있다.

도류강형(都柳江型) 수족(水族)자수

여파(荔波) 수족자수

(3) 귀주 지역 기타 자수의 예술풍격

1) 정풍묘수(貞豊苗繡)

정풍묘수는 옷깃 · 소매 · 등 · 배선(背扇) · 앞치마에서 많

귀주(貴州) 정풍묘수(貞豊苗繡)

이 보인다. 특히 등과 배선의 자수는 면적이 가장 크고 도안도 정교하다. 정풍묘수는 검은 면을 바탕천으로 하여 수사수(數紗繡)를 사용한다. 기하학적 문양과 기하학적으로 변한 꽃, 새, 벌레, 금수 문양을 그렸다. 도안의 조형이 간략하고 추상적이며 아름다워 황평묘수(黃平苗繡)의 문양과 비교하면 종류가 풍부해졌고 더 많은 동물도안이 추가되었다. 진한 자색, 진한 남색, 진한 녹색과 같이 어둡고 차가운 색을 사용하여 황평묘수의 붉은 빛과 대비된다. 정풍묘수의 침울하면서도 고상한 분위기는 아마도 고난의 역사를 겪었기 때문일 것이다.

2) 육충하묘수(六冲河苗繡)

육충하지파 묘족은 소화묘(小花苗)라고도 부른다. 남녀의 망토 · 여자 상의 · 배선에 자수를 놓아 장식했다. 주로 수사수(數紗繡) · 쇄수(鎖繡) · 포첩수(布貼繡)와 같은 자수기법을 사용했다. 약간 네모난 형태의 틀을 만들고 그 안에 추상적 혹은 기하학적 동식물 문양을 채워 넣었고 적색 · 황색 · 흑색을 주로 사용했다. 남자들은 꿩의 꼬리로 머리장식을 만들어 썼고 무겁고 두꺼운 망토와 흰 두루마기를 입었다. 옷깃을 층층이 높이 올려 흡사 갑옷을 두른 힘센 장군 같은 형태이다. 여자는 털실로 만든 커다란 주홍 가발을 머리에 쓰고 금빛을 띤 망토와 흑백이 섞인 여러 겹의 주름치마를 입는데 화려하고 강렬한 느낌을 준다.

3) 안보묘수(安普苗繡)

안보지파 묘족은 소매가 길고 앞으로 여미는 상의에 앞치마와 띠치마, 일자 치마를 입는데 위엄 있는 복식의 모양이 매우 독특하다. 상의와 앞치마 그리고 띠치마에 주로 황적색을 띤 꽃을 가득 수놓는다. 평수 · 수사수 · 쇄수 · 포첩수를 주로 사용하고 동고(銅鼓) · 나비 · 새 · 용 · 권초(卷草) · 등나무 · 권운(卷雲)을 도안으로 그린다. 색채가 밝고 강렬하다.

귀주(貴州) 안보묘수(安普苗繡)

4) 아궁묘수(阿弓苗繡)

아궁지파 묘족 자수는 주로 남자의 앞치마와 여자의 옷깃 · 어깨 · 등 · 뒷단 · 치마를 장식하는 데에 사용되었다. 수사수와 평수를 주로 사용했고 도안은 기하문(幾何紋)과 화훼문(花卉紋)이 많으며 흑색천을 바탕으로 했다. 적색 · 백색 · 황색을 주요 색상으로 사용했고 다양한 색상의 염색과 자수를 조합했다.

5) 상서검동묘수(湘西黔東苗繡)

상서검동지파 묘족은 비교적 일찍 한족의 지배를 받아 한족 문화를 깊이 수용했다. 따라서 여자의 복식은 청대 한족 여자의 복식과 조금도 다르지 않다. 주로 어깨·하단·소매·무릎·바짓단·등·이불 겉감·장막·문발 같은 곳에 자수를 놓았다. 사용된 자수기법은 매우 다양하여 평수·포첩수·수사수·연물수(連物繡)를 주로 사용했다. 도안의 형태는 한화(漢化)되어 용·봉황·새·날짐승·물고기·벌레와 같은 한족 자수의 전통적 문양을 주로 사용했다. 상서검동지파의 자수는 청대 복식의 많은 특징을 그대로 가지고 있다.

6) 위녕묘수(威寧苗繡)

위녕지파 묘족은 또 대화묘(大花苗)라고도 한다. 남자와 여자 모두 앞섬이 곧고 어깨가 있는 상의와 치마를 입는다. 자수는 양털실을 썼는데 대부분 옷깃이 곧고 어깨가 큰 모양이다. 간단하면서 거친 느낌의 수사수와 포첩수를 사용했고 강물·산·성곽·정자 위주의 기하문을 도안으로 썼다. 바탕천은 흰 삼베를, 색상은 적색·황색·흑색을 사용했다.

7) 토가족자수(土家族刺繡)

귀주의 토가족도 한족의 문화를 깊이 수용했다. 남자와 여자의 상의·어깨·등·무릎·바짓단·이불 겉감·장막·문발을 자수로 장식했다. 평수·수사수·포첩수를 주로 사용했고 용·봉황·새·날짐승·물고기·벌레와 같이 한족 자수의 전통문양을 도안으로 썼다. 색감이 소박하면서도 우아하다.

8) 둔보인자수(屯堡人刺繡)

둔보인은 명대(明代) 둔군(屯軍)의 후예이다. 평상복·지희(地戱) 복식·우산 주머니·부채 주머니를 자수로 장식했다. 둔보인자수는 명대 한족 자수의 특징을 그대로 계승했다. 평수·타자수(打籽繡)·쇄수(鎖繡) 기법을 사용했고 꽃·새·물고기·벌레와 같이 한족 자수의 전통적 문양을 도안으로 썼다. 색채가 아름답고 곱다.

5. 귀주민족 민간자수의 사회적 기능

귀주민족의 민간자수는 전통적으로 소수민족의 생활 속에 사용되지 않는 곳이 거의 없다. 자수는 여러 시기와 여러 방면의 생활에까지 깊은 영향을 주어, 신앙·제사·혼인·장례·명절·출산과 양육·예의·신분의 표시 등에서 흔적을 찾아볼 수 있다. 자수의 기능은 역사에 대한 회고, 종족에 대한 인정, 배우자 선정 범위, 아름다움에 대한 추구, 행복에 대한 열망, 연인에 대한 사랑, 아이들에 대한 따뜻한 보살핌,

귀주 토가족자수(土家族刺繡)

귀주 둔보인자수(屯堡人刺繡)

선조의 대이동을 춤으로 표현하는 묘족(苗族) 위녕(威寧)지파

묘족 아궁(阿弓)지파는 전통복장을 여전히 보존하고 있다. 남자의 앞치마에 고향의 지도가 그려져 있고 여성의 꽃치마에는 이동할 때 건넌 강을 수놓았다.

뇌공산(雷公山)의 제조절(祭祖節)

돌아가신 분들에 대한 제사로 요약할 수 있다. 여자의 일생에 있어서 자수의 역할은 매우 중요한 것처럼 보이지만, 시대의 변화에 따라 일부 지역은 이미 한족과 동화되고 있었고 또 일부 지역은 자민족의 전통을 지키면서 다른 차이를 보이고 있다.

묘족(苗族)은 같은 민족이라 할지라도 지파에 따라 판이하게 다른 유형의 복식과 자수가 존재한다. 예를 들면, 동부, 중부, 서부 각 지역 묘족들의 복식과 자수는 서로 확연히 다르다. 같은 방언을 쓰는 지역이라 해도, 예를 들어 청수강(淸水江) 중류 일대에 위치한 검하현(劍河縣)의 태옹(太擁)·고표(高標)·구앙(久仰)·고구(高丘)·고방(稿榜), 태강현(台江縣)의 태공(台拱)·시동(施洞)·혁동(革東)·혁일(革一), 개리시(凱里市)의 방해(旁海)·주계(舟溪), 황평(黃平)의 곡롱(谷隴)·중안(重安)과 같은 지역들은 복식과 자수의 양식이 다르다. 설령 복식이 같더라도 복식에 놓인 자수는 같지 않다. 예를 들면, 태강현의 시동에서는 쇄수(鎖繡)와 평수(平繡)를 사용해 주로 신화 도안을 제작한다. 태공에서는 변수(辮繡)와 추수(縐繡)를 사용해 동식물 문양을 많이 제작하고, 혁일에서는 첩수(疊繡)와 변수, 타자수(打籽繡)로 기하학적인 꽃과 새를 수놓는다. 혁동에서는 수사수(數紗繡)로 추상적인 문양과 기하학적인 문양을 만든다. 설령 자수의 종류가 비슷하다 해도 풍격에서 차이가 있다. 예를 들면, 시동식(施洞式) 묘수(苗繡) 중 시동과 노둔(老屯) 일대는 비교적 세련되고 정교한 반면, 오하(五河)와 무문(巫門) 일대는 비교적 거칠면서도 호방하다. 어떤 역사를 겪었기에 이런 현상이 만들어진 걸까? 아마도 묘족의 전설에서 그 대강의 이유를 찾아볼 수 있을 것 같다.

『서부묘족사시(西部苗族史詩)』에는 다음과 같은 비장한 이야기가 있다. 아득히 먼 옛날 묘족 조상들은 두 강 사이에 위치한, '낙랑여지(洛朗呂地)'라는 풍요로운 평원에 살고 있었다. 그들은 광활한 토지를 개간하여 높은 성곽을 쌓았고 수많은 마을들을 세웠다. 그러나 강력한 외부 민족들에게 공격을 받아 이곳의 모든 것을 빼앗기게 되자 할 수 없이 다른 지역을 찾아 먼 길을 떠나게 되었다. 잃어버린 고향을 기억하기 위해 수령은 부녀자들에게 '낙랑여지'의 성과 거리, 정자와 누대들을 어깨걸이에 수놓게 했고, 그들이 건너온 강물은 주름치마에 수놓게 했다. 허리 부분에는 사각형으로 이어진 논밭을 수놓게 했는데, 이 논밭에 농작물과 우렁이, 청개구리와 부평초가 선명하게 표현되어 확실히 알아볼 수 있다. 검동남(黔東南)의 '묘족 옛 노래' 중에는 「발산섭수가(跋山涉水歌)」라는 곡이 있는데, 지금까지도 여전히 "시누이는 올케더러 바늘과 실을 잊지 말고 챙기라 하네요, 올케는 시누이더러 자수 놓을 천을 잊지 말고 챙기라 하네요"라는 가사가 전해진다. 전설과 옛 노래에서 말하고 있는 '묘족의 대이동' 이야기는 사실 매우 불명확한 내용이다. 그러나 우리는 여기에서 오히려 묘족에게 자수가 얼마나 숭고한 위치를 차지하고 있는지 알수 있다. 아울러 묘족의 역사에 있어서 자수의 중요성도 이해할 수 있다.

묘족 복식이 왜 이렇게 복잡하게 분화되었는지에 관해서는 여러 가지 설이 뒤섞여 있다. 지금까지도 그 수수께끼를 풀지 못했고 그에 따른 해석 또한 매우 분분하다. 그중 한 전설에 의하면, 묘족은 청수강으로 이동한 이후 지금의 검하현 태옹 구검채(九臉寨)에서 '의낭(議榔)'이라는 회의를 열었고, 9개의 혈연부족인 고사(鼓社)에 따라 청수강 양안(兩岸)에 나누어 살기로 결정했다고 한다. 하나의 고사는 또 둘로 나누어, 위로 아홉 개, 아래로 아홉 개로 총 18개의 고사를 형성하게 되었다. 각 고사의 구성원들은 서로 다른 풍격과 도안을 가지고 민족 복식에 수를 놓아 구별했다. 아울러 9개의 기둥을 세워 각각의 고사를 증명했다고 한다. 또 다른 전설은 다음과 같다. 방향(榜香)이라는 한 묘족 여인이 있었는데 그녀는 일곱 명의 딸을 시집보낼 때마다 딸들을 위해 옷에 일곱 가지의 도안을 하나씩 수놓아 나눠 주었다. 그리고 딸들에게 훗날 손녀들에게도 같은 도안으로 수를 놓아 주라고 당부했다. 그렇게 하면 자신의 자손들이 어떤 도안을 가졌는지에 따라 몇째 딸의 자손인지를 파악할 수 있기 때문이라 한다. 그리고 또 다른 전설에 의하면, 옛날 묘족은 모두 같은 디자인의 옷을 입었다고 한다. 한 모임에서 두 조내내(祖奶奶, 모계 씨족의 수령)가 한 작은 여자아이를 두고 자신의 자손이라고 주장하여 서로 다툼이 있게 되었다. 이에 회의를 통해 각 부족마다 하나씩 자신들만의 복식을 만들어 자신들만의 도안으로 수를 놓고, 또 다른 화장법으로 치장하기로 결정했다고 한다. 높은 산 위에 사는 부족들은 산에 오르기 쉽게 짧은 치마를 입고, 산허리에 사는 부족들은 무릎까지 오는 치마를 입으며, 평지에 사는 부족들은 긴 치마를 입고, 숲속에 사는 부족들은 나무가시에 긁혀 다치는 것을 방지하기 위해 비교적 두꺼운 천 두 조각을 치마 위에 앞뒤로 덧붙여 입었다고 한다.[양□국(楊□國), 『묘족복식』, 귀주인민출판사, 1997년] 묘족학자인 반광화(潘光華)는, "유민들에게 오래전부터 전해 내려오는 이야기에 보

고장절(鼓藏節) 때 조상의 영혼을 부르는 고장두(鼓藏頭)

고장절 표우(剽牛)가 시작되기 전 거행하는 의식

월량산(月亮山) 지역은 13년마다 고장절(鼓藏節)을 지낸다.

면 고대 묘족의 복장은 크게 다르지 않았다. 묘족들이 귀주에 들어온 뒤 각 부족들은 서로 사방에 흩어져 살게 되었지만, 해마다 한 번씩 모여서 조상들께 제사를 지냈다. 이때 부족 간 구별하기 쉽도록 회의를 거쳐 각 부족마다 다른 문양과 다른 디자인의 복장을 제작해 제사를 지낼 때 입기로 결정했다. 이것이 오래되면서 서로 다른 종류의 묘족복식이 생겨나게 되었다"라고 했다.

귀주의 몇몇 민족들에게는 엄격한 혼인제도가 있었는데 같은 민족이라 해도 다른 언어를 가진 지파와는 혼인할 수 없다는 것이다. 이는 언어가 다르면 교류할 방법이 없기 때문이다. 나아가 같은 언어를 사용해도 복식과 자수양식이 다른 지파와는 혼인이 불가능했다. 생활습관이 다른 여자가 시집을 가면 시대의 복식과 자수를 만들 수 없고 부족과 융화되기 힘들기 때문이다. 따라서 서로 같은 복식과 자수양식을 가진 같은 지파만이 혼인할 수 있었다. 그러나 또 성이 같은 민족끼리는 혼인할 수 없었다. 왜냐하면 묘족 중에서 같은 성을 가진 남녀는 대부분 형제자매와 같은 혈연관계이기 때문이다. 자매간의 자녀끼리는 결혼할 수 없지만, 형제간의 아들에게는 자매간의 딸을 아내로 맞이할 수 있는 우선권이 있었는데 이를 두고 '환낭두(還娘頭)'라고 한다. 묘족사회에서는 삼촌이 아버지에 비해 더 존경을 받기에 이런 풍습이 생긴 것이다. 이는 모계사회에서 전해지는 변칙적인 풍습이다. 그러나 이 같은 혼인제도는 세력이 약한 소수민족들이 타민족에 동화되는 것을 막을 수 있는 아주 효과적인 수단이다. 동시에 이로 인해 복식과 자수는 배우자를 선택하는 범위를 알려주는 중요한 표식이라 하겠다.

흑령묘(黑領苗)는 13년에 한 번씩 역대 조상들에게 제사를 지내는 고장절(鼓藏節) 행사를 지낸다. 이 민족명절 축제에서 자수는 사람들의 눈을 현혹하고 감탄하게 한다. 1990년대 초, 삼도현(三都縣) 소뇌촌(小腦村)에서 고장절 행사가 성대하게 치러졌다. 백 리 이상 멀리 떨어져 살던 사람들도 먼 길 마다 않고 산 넘고 물 건너 이 행사에 참여했다. 제사를 지내는 광경은 매우 웅대하면서도 장엄하고 신비로울 뿐만 아니라 경건하면서도 그 성대함에 피비린내가 진동했다. 정식으로 의식을 거행하기 전에 소싸움 · 새 싸움 · 말 경주 등 여러 가지 행사를 진행했기 때문이다. 싸움소 몸에는 방형(方形)의 수놓은 옷을 걸치게 하고, 소의 등에는 삼각형 모양의 천에 수놓은 깃발을 잔뜩 꽂았다. 의식을 치루는 광장에는 염색하여 만든, '묘기(苗旗)'라 불리는, 수백수천의 제사용 깃발을 장대에 매달아 놓았다. 이 가운데 예부터 전해져 내려오는 고장번(鼓藏幡)이 더러 섞여 있었다. 의식을 진행하는 고장두(鼓藏頭)는 자수를 놓은 용포(龍袍)를 입고 의장대 중 호생(蘆笙) 연주자 여덟 명은 고장복(鼓藏服)을 입는다. 이중에는 널찍한 자수와 염색, 깃털을 사용하여 온몸을 장식한 남자용 백조의(百鳥衣)가 있다. 백조의는 고대부터 전해지는 복장으로, 그 형상이 출토문물 중 한(漢)나라 때 만들어진 석채산형(石寨山型) 동고(銅鼓) 위에 호생을 연주하고 있는 우인(羽人)과 매우 유사하다. 예부터 전해 내려오는 백조의의 수량이 부족하기 때문에 몇몇 호생 연주자들은 수사수(數紗繡)를 사용하여 새로 제작한 기하문양의 신식 고장복을 입었다. 여자들은 몸에 달라붙는 여자용 백조의를 입는다. 제사가 시작되면 사람들은 제물로 바칠 수소를 끌고 동고평(銅鼓坪)을 에워싸며 순유한다. 그런 다음 소에게 술을 붓고 소를 잡는데, 사람들은 잡은 소의 머리를 하나하나 나무장대에 묶어 탑 형태의 토템폴처럼 세운다. 자손의 흥성을 기원하며 제사 중에는 생식숭배의 뜻이 담긴 의식도 거행한다. 축제가 끝나면 규정에 따라 사용한 고장번은 모조리 태워 조상께 바친다. 때문에 예부터 전해 내려오는 고장번은 찾기 어렵다.

귀주에는 수많은 민족축제가 있다. 일부 통계에 따르면, 서로 나른 민족과 종파 그리고 지역의 민족축제는 5백 개가 넘는데, 그 중에서 중요한 명절축제와 오락활동은 다음과 같다.

-묘족(苗族): 묘년(苗年), 화산절(花山節), 자매절(姊妹節), 용선절(龍船節), 흘신절(吃新節), 파파절(爬坡節), 사월팔(四月八), 노생절(蘆笙節), 살어절(殺魚節)

-포의족(布衣族): 삼월삼(三月三), 유월육(六月六), 구월구(九月九), 우왕절(牛王節), 아곡절(雅蜩節, 청개구리 신에게 제사 지내는 날), 마랑절(螞螂節, 메뚜기 떼를 몰아내기 위한 제사), 용산절(龍山節)

-동족(侗族): 동년(侗年), 이월이(二月二), 채가당(踩歌堂), 대관인(擡官人), 노생회(蘆笙會), 간가평(赶歌坪)

-토가족(土家族): 간년(赶年), 춘사(春社), 왜왜절(娃娃節)

-이족(彝族): 화파절(火把節), 새마절(賽馬節), 채차절(采茶節)

-흘로족(仡佬族): 제산신(祭山神), 춘절(春節), 흘신절(吃新節)

-수족(水族): 단절(端節), 묘절(卯節), 낭낭절(娘娘節), 액절(額節)

-요족(瑤族): 반왕절(盤王節), 결혼절(結婚節), 도월절(跳月節), 위어절(圍魚節)

청수강(清水江)의 용선절(龍船節)

－모남족(毛南族): 영춘절(迎春節), 우정절(雨定節), 주교절(做橋節)

－혁가(革家): 합룡절(哈龍節)

이외에도 다양한 민족들이 각기 다른 축제를 가지고 있다. 민족명절 축제는 노인들에게는 옛 정취를 느끼게 해주고, 성인들에게는 사교의 장소를 만들어준다. 청년들에게는 배우자를 선택할 기회를 주고, 소년들에게는 학습의 환경을 제공해주며, 아동들에게는 놀이장소를 제공해준다. 특히 부녀자들에게는 자신의 재주와 솜씨를 뽐낼 기회를 제공해준다. 시동(施洞) 지역의 묘족 여자는 채고평(踩鼓坪)에서 사면고(四面鼓)를 에워싸고는 호생과 망통(莽筒)에 맞춰 노래를 부르거나 동고(銅鼓) 가락에 맞춰 열정적으로 춤을 춘다. 이때 가장 아름다운 자수 옷을 입고 은장식을 차고 나와 자랑하고 서로 복장과 자수 만드는 기술을 교류한다. 솜씨가 매우 뛰어난 묘족 여성은 자기 집안의 지위를 높일 수 있을 뿐만 아니라 사회의 존중을 받기도 한다. 사람들은 묘족 여성이 만든 참신하고 기발한 도안을 앞다투어 모방한다. 그래서 젊은 아가씨들이 먼 길도 마다하지 않고 축제에 참가하려 한다. 축제 때 입을 자수 예복과 은장신구를 잘 보관하기 위해 한 겹 한 겹 정성 들여 포장한다. 축제가 벌어지는 현장 근처에서 부모나 형제에게 입을 옷가지들을 고르게 하고 축제현장에 가서 온몸을 꾸미고 치장하기 시작한다. 묘족은 자수가 많은 옷이 아름답고 은장신구가 무거우면 귀하다는 생각을 가지고 있다. 때문에 아가씨들은 수놓은 상의와 치마를 여러 벌 입고 또 20근이 넘는 은장신구를 착용해 미혼 남성들의 관심을 끌려 한다. 이렇게 치장하게 되면 여성들은 자수솜씨와 풍족한 가정환경을 과시하는 효과를 낼 수 있다. 직금현(織金縣) 청산(青山) 일대 묘족 풍습 중에 미혼 여성이 축제 때 배선(背扇, 아기띠)을 등에 메는데, 이는 미혼여성의 출산능력을 상징한다. 육반수(六盤水) 일대에 거주하는 소화묘(小花苗)는 어깨걸이를 출산능력의 증표로 삼는다. 검북(黔北) 지역에 유행하는 「수화대가(繡花帶歌)」라는 노래에는 다음과 같은 가사가 있다. "얼굴에는 복사꽃 달고 마음에는 미소를 달아, 손에 든 꽃 바늘로 천 위에 수를 놓네. 금실로는 수를 놓고 은실로는 옷을 짜서, 수 놓은 색깔 띠 낭군님 허리에 매어드리리. 무지개를 끌고 와 실로 만들고, 붉은 노을 따다 꽃으로 그려야지. 수놓아 어깨 위에 걸치니 꾀꼬리가 버드나무 가지에서 내려와 앉네. 흰 구름은 보더니 부끄러워 얼굴을 붉히고, 꿀벌은 보더니 벌침을 흔드네. 수천 개 바늘로 여인 마음 수놓고, 수만 가닥 실

미혼 여성도 등에 아기띠를 메는데 출산능력을 상징한다[직금현(織金縣) 청산(青山)].

자수를 놓고 있는 묘족 여성[뇌산현(雷山縣) 서강(西江)]

로 원앙새 수놓으리.”[양□국(楊□國),『묘족복식』, 귀주인민출판사, 1997년]

자수는 소수민족 여성들의 삶에 있어 매우 중요한 위치를 차지하고 있다. 7, 8세부터 어른이 되기까지 소수민족 여성들은 자수기술을 배우기 시작하여 무수히 많은 시간과 에너지를 자수에 들인다. 자신이 시집갈 때 입을 예복을 만드는 것이다. 예복제작의 모든 과정은 대부분 자기가 직접 완성해야 하기 때문에 수년의 시간이 걸린다. 소수민족은 배우자를 선택하는 데 있어 몇 가지 기준이 있는데, 먼저 신체가 건강해야 한다. 이는 노동과 대를 잇는 데에 문제가 없음을 의미하기 때문이다. 그 다음으로는 노래를 아주 잘 불러야 한다. 목소리가 아름다워야 할 뿐만 아니라 대창(對唱)을 할 때도 임기응변에 능해야 하고 막힘없이 답창을 불러야 한다. 그래야만 다른 사람들과 잘 교류할 수 있기 때문이다. 그리고 가장 중요한 것은 정교하고 아름다운 복장을 만들 줄 알아야 한다. 그 중에도 자수실력이 어떤지 매우 중요하게 살피는데, 이는 자신을 꾸밀 줄 알고 또 온 집안사람들의 체면을 살려야 하기 때문이다. 자수가 여성의 총명함과 지혜를 나타내는 수단이라고 한다면, 자수기술은 한 여성뿐 아니라 그 여성이 속한 가족의 행복과 관련이 있다는 것을 알 수 있다. 소수민족 여성들은 연애를 할 때 화대(花帶), 연하포(煙荷包), 요포(腰包), 신발창, 꽃신에 수를 놓는다. 이는 사랑하는 사람에게 주는 가장 멋진 징표이자 사랑하는 사람에게 자신이 가진 지혜와 능력을 보여주는 방식이다. 여성에게 이런 선물을 받은 남성은 은장신구와 실을 보내주어 여성이 더욱 아름다운 문양의 수를 놓아 더 아름답게 치장하게 한다.

뇌산(雷山)의 묘족 남녀는 사랑을 맹세할 때 서로 복장을 교환한다. 일반적으로 여자는 자신이 직접 만든 자수품 중 가장 훌륭한 작품을 주고, 남자는 자기가 가장 부유한 남자라는 느낌을 주는 상의를 준다. 만약 다른 사람을 사랑하게 되거나 애정이 깨지게 되면 쌍방은 서로 교환했던 복장을 상대방에게 되돌려 준다.

귀양(貴陽) 고파(高坡)에 거주하는 묘족은 사배패(射背牌)라는 풍속이 있다. 서로 사랑했으나 부모님의 반대 혹은 다른 이유로 맺어지지 못할 경우, 헤어질 때 여자는 자신이 수놓았던 배패(背牌)를 뜯어 나무에 걸어놓고 남자에게 활을 세 번 쏘게 한다. 남자도 여자에게 자신이 입었던 치마에 활을 세 번 쏘게 한 다음 서로 맞바꾸어 함께 묻는다. 현생에서 부부가 될 수 없지만 내생에는 서로 좋은 인연으로 맺어지게 해달라는

묘족(苗族) 고파(高坡)지파의 사배패(射背牌)

묘족 위녕(威寧)지파의 '묘왕인(苗王印)' 배패(背牌)

사랑에 있어서 자수는 매우 중요한 역할을 한다[귀양시(貴陽市) 화계(花溪)].

동족(侗族) 신부가 시댁식구에게 선물한 자수 신발(상)
묘족(苗族) 어머니가 아이를 위해 만든 호랑이 머리 자수 모자(하)

서강태공형(西江台拱型) 백자의(百子衣)

소망을 담은 것이다. 이 배패와 관련하여 오랜 전설이 있다. 묘족이 산을 넘고 물을 건너는 오랜 대장정 중 대대로 내려오던 조상의 유품인 '묘왕인(苗王印)'을 잃어버렸다. 묘족 수령은 아내에게 도장 도안으로 '아로작(阿老綽)'이라는 배패를 수놓게 했고 그것을 계속 몸에 지니면서 영원히 기억하려 했다고 한다. 그래서 지금까지도 많은 묘족들의 복장에는 아름답고 정교한 수를 놓은 배패가 들어가 있다.

젊은 남녀가 서로 사귀다 한창 연애가 무르익으면 남자쪽 집안에서는 중매쟁이에게 여자 쪽 집안으로 가서 중매를 서도록 청한다. 이때 중매쟁이는 화려한 옷을 차려입고, 닭·오리·실·머리장식·찹쌀떡 같은 예물을 가지고 간다. 혼삿날, 신부는 가장 화려하게 수놓은 예복을 차려입고 손님들에게 술을 권한다. 다음날 이른 아침부터 같은 옷을 입고 시댁에 물을 길어 와야 하는데, 이렇게 해야 집안에 재운(財運)이 들어온다고 생각했다. 결혼식에 참석한 여자 손님은 신부의 체면을 세워주기 위해, 신부의 예복에 비해 덜 화려한 옷을 입는다. 동족(侗族)은 결혼식 중 신부가 시댁식구들에게 선물로 꽃신을 돌린다. 남자에게는 검은색 바탕천으로 만든 신을, 나이 많은 여자에게는 파란색 바탕천으로 만든 신을, 젊은 여성들에게는 빨간 바탕천으로 만든 신을 준다. 여자는 결혼하기 훨씬 전 미래 자신의 아이를 위해 여러 가지 자수로 만든 옷가지를 준비한다. 겉옷·바지·모자·꽃신·목도리·배두렁이를 준비하는데 이 가운데 아기를 업는 배선은 가장 아름답고 정교하게 수를 놓는다.

시동 지역에서는 아기가 태어나면 '나비엄마[蝴蝶媽媽]' 이야기를 도안으로 만들어 포대기에 수를 놓아 아이를 감싸준다. 아기 옷의 등에는 단풍잎 자수를 놓아야 하고, 또 자수와 은장신구로 장식한 용두모(龍頭帽)와 호두모(虎頭帽)를 씌워준다. 태어난 지 한 달이 되면 주변 친구들과 이웃을 불러 잔치를 여는데, 잔치 자리에 아기를 위해 만든 여러 자수용품들을 전시해 모정과 엄마의 자수솜씨를 과시한다. 만일 첫째가 딸이면 백자의(白子衣)를 수놓아주어 둘째는 아들 낳길 기원한다.

시동식(施洞式) 묘수(苗綉)는 옷에 수를 놓은 색상에 따라 나이를 구분한다. 일반적으로 젊은 여성들은 강렬한 빨간 색 톤으로 수놓은 옷을 입고, 중장년층 여성들은 비교적 소박하고 차분한 느낌이 드는 파란색 톤으로 수놓은 옷을 입는다. 그들이 수놓아 만든 옷에서 1등급 예복과 2등급 예복 그리고 평상복은 등급의 차이가 있다. 1등급 예복의 경우 가공이 매우 정교하고 세련될 뿐만 아니라, 자수를 놓은 면적 또한 비교적 넓다. 수놓는 부분은 쇄수(鎖繡)를 주로 사용하며, 혼례나 명절처럼 아주 중요한 예식을 치르는 장소에 참가할 때 입는다. 2등급 예복은 가공이 1등급에 비해 다소 떨어진다. 수놓은 부분이 비교적 단순하고 평수(平繡)를 사용하며 대부분 장례식이나 비교적 중요한 장소에 갈 때 입는다. 평상복은 자수를 많이 놓지 않는다. 가공 또한 더욱 간단하여 다시 한 번 새로 염색한 옛날 예복으로 대체하기도 한다. 묘족은 중요한 예식을 치르는 장소에 갈 때 예복을 입지 않는 것은 실례라고 생각한다.

어떤 지역에서는 복장과 자수가 여성이 성년인지 아닌지와 혼인 여부를 구별하는 기능을 가지고 있다. 명절이나 장날에 남자들은 여성의 복식과 자수문양을 가지고 그녀가 어떤 상황인지 구별하여 미성년자나 기혼 여성을 쫓아다니는 일을 피한다. 황평(黃平) 자강(紫姜)의 묘족 중 아직 결혼하지 않은 소녀들은 작게 꽃을 수놓은 모자를 쓰며, 결혼한 이후에는 통처럼 생긴 모자를 쓰고 스카프를 묶어 표시를 한다. 혁동(革東)의 미성년 여성은 반드시 등에 수사수(數紗繡)로 엉성하게 기하문(幾何紋)을 수놓은 야묘의(野猫衣)를 입어야 한다. 15, 16세 이후에 성년 여성의 복장으로 바꿔 입을 수 있다.

묘족 여성이 노년기에 접어들면 자신과 남편의 장례식 때 사용할 수의(壽衣)와 수피(壽被), 수혜(壽鞋)를 준비하기 시작한다. 수의는 대부분 짙은 색을 사용하며 도안은 대부분 '묘족 옛 노래[苗族古歌]'의 내용에서 따온다. 묘족은 사후에 영혼이 조상들이 거주하던 동쪽의 풍족한 땅으로 돌아가 선조들과 함께 모인다고 생각하는데, 이를 표현한 것이다. 수의는 일반적인 오른쪽 여밈이 아니라 왼쪽 여밈으로 바꾸고 사망한 뒤에는 시신의 수의 안에 구앙(歐央)이라 부르는 빨간 색 조끼를 입힌다. 수혜는 배 모양으로 만드는데 이는 그들이 이전에 동부에서부터 배를 타고 와서 귀주에 정착하였음을 나타내는 것이다. 또한 사후에 영혼이 배를 타고 다시 돌아간다는 믿음을 표현한 것이다. 노인들은 생전에 가끔씩 수의를 입어보고 사람들 앞에 나타나기도 하는데 이는 이미 사후 준비를 잘 마쳤음을 의미한다. 어떤 지역에서는 고인이 생전에 입었던 예복을 함께 묻어 주기도 한다.

어떤 민족은 복식과 자수를 제작할 때, 일부러 한 부분을 미완으로 남겨놓기도 한다. 물이 가득 차면 넘친다는 말처럼 어떤 사물이든 정상에 도달하게 되면 내리막길이 시작되듯,

수의(壽衣)를 입어보는 묘족 노인[(개리시(凱里市) 개당(凱棠)]

즉 지나치게 완벽하면 오히려 불행이 따라온다고 여기기 때문이다.

귀주의 소수민족 여성은 자신이 만든 자수에 대해 애착이 깊다. 왜냐하면 자수는 이전 세대, 심지어는 몇 대에 걸쳐 전해지는 물건이기 때문이다. 자수에는 대대로 이어 내려온 수많은 그리움과 추억이 담겨 있다. 그래서 혹시 자기가 만든 자수품이 팔리면 몇날 며칠을 전전긍긍하며 밤낮으로 되찾아올 궁리를 하기도 한다. 또 집안에 전해오던 자수작품을 단 한 번이라도 다시 보고 싶어 십 리가 넘는 산길을 찾으러 갈 정도이다. 이처럼 자수작품에 대한 귀주 여성들의 애착은 진정한 감동을 안겨준다.

6. 귀주민족 민간자수의 문화적 함의와 문양

(1) 귀주민족 민간자수의 문화적 함의

귀주민족의 민간자수는 민족의 복식과 생활 방직품을 구성하는 중요한 요소이자 가장 중요한 장식이기도 하다. 그러나 자수가 결코 단순히 장식을 위한 장식이나 예술을 위한 예술은 아니다. 수를 놓는 바느질 한 땀 한 땀에 깊고 풍부한 문화적 의의가 담겨 있는 것이다. 귀주에 거주하고 있는 소수민족 대부분은 옛 문자를 사용하지 않는다. 그러나 구전문학이 있고 또 복식, 특히 그 중에서도 자수는 문자의 주요 기능을 대신한다. 자수를 통해 민족의 역사 · 신화 · 전설 · 종교, 그리고 부족들이 중시하는 여러 가지 정보를 기록한다. 자수는 매우 중요한 저장장치인 것이다. 이와 관련된 이야기는 매우 많고 범위도 넓다. 따라서 여기서는 청수강형(淸水江型) 시동식(施洞式) 묘수(苗繡)만 상세히 설명하고 기타 유형은 간략하게 소개만 하겠다. 이렇게 하는 이유는 시동식 묘수가 회화 느낌뿐만 아니라 이야기적 특징이 매우 강하기 때문이다. 자수와 이야기가 긴밀하게 연결되고 거기에서 표현하는 내용 또한 직설적이라 독자들이 쉽게 이해할 수 있다.

시동식 묘수에서 가장 많이 표현된 것은 묘족의 옛 노래, 신화와 전설, 민족의 영웅, 민족 특유의 풍속과 낭만화 된 일상생활의 풍경들이다. 독자들이 자수와 같이 비교해서 볼 수 있도록 대표적인 이야기를 소개하겠다.

「개천벽지(開天辟地)」

천지가 처음 생겨나고 서로 포개졌는데, '부파(剖帕)'라는 영웅이 도끼를 들고 맹렬히 치자 하늘과 땅이 두 쪽으로 나

단풍나무를 심고 척우조(鶺宇鳥)가 알을 낳는 이야기를 담은 묘수(苗繡)

척우조가 인류를 낳는 이야기를 담은 묘수

뉘게 되었다. 이어서 팔이 여덟, 다리가 넷인 '부방(俘方)'이라는 사람이 하늘은 위로 들어 올리고, 땅은 발로 밟아 아래로 밀어내렸다고 한다.

「해와 달 쏘기[射日射月]」

보공(寶公), 웅공(雄公), 차공(且公), 당공(當公)이 해와 달을 만든 이후, 냉왕(冷王)은 그것들을 하늘 위에 설치했다. 12개의 해와 12개의 달이 한꺼번에 나타나 대지를 내리쬐게 되었다. 그러다 '방양불유(榜養不由)'라는 거인이 옥수(玉樹)라는 나무에 올라 11년 동안 11개의 해와 11개의 달을 쏘아 떨어뜨렸다. 그러자 하나씩 남은 해와 달이 두려워하며 어디론가 숨어버려 대지는 칠흑과 같은 어둠에 빠지게 되었다. 사람들은 꿀벌과 황소 그리고 개를 보내 해와 달을 밖으로 나오게 했으나 성공하지 못했다. 후에 매우 아름다운 깃털과 낭창낭창한 목소리를 가진 수탉이 나오라고 부르자 해와 달은 그제야 얼굴을 내비추었고 대지는 광명을 되찾게 되었다.

임신한 나비엄마[蝴蝶媽媽]를 그린 묘수

「파동파서(耙東耙西)」

노공(勞公)이라는 사람이 산간의 평지를 멍에로 만들었다. 또 회오리바람을 잡아 쟁기로 삼아 거대한 짐승인 휴뉴(貅狃)를 끌고 대지를 갈고 나서 단풍나무 한 그루를 심었다고 한다. 이 단풍나무는 후에 향량(香兩)이라는 할머니에게 베여 쓰러졌는데, 나뭇가지는 척우조(鶺宇鳥)가 되었고, 나무줄기는 나비엄마[蝴蝶媽媽]가 되었으며, 나무뿌리는 동고(銅鼓)로 변했다고 한다. 그 이후로 사람들은 단풍나무를 사용하여 조고(祖鼓)를 만들어 선조들을 기리게 되었다고 한다.

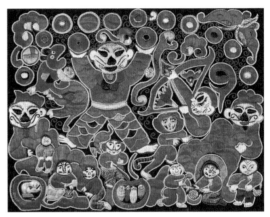
해와 달을 만들고 쏘는 이야기를 담은 묘수

「12개의 알[十二個蛋]」

나비엄마가 물방울과 사랑을 나누어 12개의 알을 낳았는데, 척우조에게 16년 동안 품게 하였더니 뇌공(雷公), 수룡(水龍), 호랑이, 물소, 지네, 뱀 그리고 묘족의 선조인 강앙(姜央 일설에는 강앙의 여동생인 앙파(央婆)도 있다고 한다)이 부화되어 나왔고 부화하지 못한 나머지 4개의 알은 귀신이 되었다고 한다. 강앙과 용, 호랑이, 뇌공은 서로 어디를 근거지로 할 것인지를 두고 싸웠고, 결국 지혜를 이용한 강앙이 다른 형제들을 이기고 땅의 주인이 되었다. 뇌공은 하늘을 차지했고, 용은 물속으로 들어가 버렸으며, 호랑이는 산을 차지해 왕이 되었다. 지금도 묘수에서는 임신을 한 나비엄마의 형상이 매우 많이 보인다.

「홍수도천(洪水滔天)」

뇌공(雷公)은 강앙(姜央)에게 패한 것이 괘씸하고 달갑지 않아 끊임없이 찾아와 도발을 했다. 강앙은 계략을 써서 뇌공을

남매의 혼인 이야기를 표현한 묘수(苗繡)

사로잡았는데, 강앙의 자녀인 상망(相忙)과 상량(相兩)은 뇌공을 풀어주었다. 뇌공은 천상으로 돌아가 홍수를 일으켜 대지를 삼켜버리게 했다. 그러나 상망과 상량 남매에게는 자신을 살려준 은혜에 보답하고자 조롱박 씨앗을 보내주었다. 씨앗에서 큰 조롱박이 열리자 남매는 조롱박에 몸을 피해 재앙을 면했다.

「남매의 결혼[兄妹結婚]」

홍수가 지나고 물이 빠졌지만 이들이 탔던 조롱박은 절벽 꼭대기에 걸려 아래로 내려갈 수 없었다. 남매는 바위에 사는 매의 새끼를 인질로 삼아 어미를 위협해 평지로 안전하게 내려왔다. 나는 도중 어미 매가 허기져 더 날지 못하자 남매는 살을 떼어 먹였다. 목에서 살을 떼어 주자 목이 머리보다 가늘어지게 되었고, 오금자리와 종아리에서 살을 떼어 주자 종아리가 허벅지보다 가늘게 변했다. 이렇게 하여 원래 위아래가 모두 비슷한 굵기였던 사람의 모습이 지금의 모습으로 변하게 된 것이다. 외로운 남매가 어떻게 해야 인류를 번성하게 할 수 있는지 고민하자 대나무는 둘이 결혼하라고 권했다. 그 말을 들은 여동생은 부끄러우면서도 화가 나 대나무를 여러 마디로 잘라버렸다. 후에 여동생은 '맷돌 합치기', '연기 태우기', '말달리기 시합' 그리고 '산을 사이에 두고 바늘에 실 꿰기' 등등의 어려운 문제를 내어 오빠에게 풀게 했다. 오빠는 이런 시험과 검증을 통과해 결국 여동생과 결혼을 하게 된다. 이로써 인류도 번성할 수 있었다. 대나무에게 보상을 해주기 위해 잘라버렸던 대나무 조각들을 다시 이어 주었는데, 이로 인해 대나무는 지금처럼 마디마디가 이어진 형태가 되었다고 한다.

「달에서 나무 베기[月中砍樹]」

어른이 된 강앙은 아주 거만해져 더 이상 나비엄마의 가르침을 들으려 하지 않았다. 그러자 나비엄마는 그를 혼내줄 방법을 생각했다. 그것은 바로 달에 가서 나무를 베어오게 하는 것이었다. 강앙이 도끼로 한 번 찍어내면 금세 그 틈이 도로 붙어버렸다. 강앙은 하는 수 없이 나비엄마에게 가르침을 청했다. 나비엄마는 그에게 도끼로 찍고 나서 틈이 생기면 거기에 바로 목을 집어넣어야 다시 붙지 않는다고 속였다. 강앙은 나비엄마가 가르쳐준 대로 했다가 목이 끼어 옴짝달싹하지 못했다. 이후로 강앙은 두 번 다시 나비엄마의 뜻을 거스르지 않았다고 한다. 이 이야기는 묘족이 모계사회에서 부계사회로 바뀌는 과정에서 생기는, 반복된 투쟁을 반

바위매 이야기를 표현한 묘수

나비엄마[蝴蝶媽媽]의 형상을 표현한 묘수

달 속의 강앙(姜央)을 표현한 묘수(苗繡)

영한 것이라 하겠다.

「지네 죽이기[打殺蜈蚣]」

　지네와 강앙은 원래 형제였다. 그런데 강앙이 땅을 개간하다 지네의 집을 엎어버려 지네의 자손들을 다치게 했다. 그로 인해 서로 여러 번 다투었지만 승부를 가리지는 못했다. 어느 날 강물이 불어 넘쳐 지네는 나무에 붙어 물길에 떠내려갔는데 마침 강앙이 강가로 장작을 구하러 나갔다가 방심한 사이 지네에게 물려 죽었다. 강앙이 죽자 그를 달에다 장사지냈고 사람들은 경건하게 우러러 보았다. 그러나 이 일로 지네는 사람들의 분노를 샀고 사람들은 지네를 붙잡아 불에 태워버렸다. 이는 상고시기 인류와 대자연 간의 투쟁을 반영한 이야기이다.

「개가 곡식 씨앗을 구해온 이야기[狗取糧種]」

　이 이야기는 곡식창고에 불이 나서 씨앗들이 안개를 타고 하늘로 도망간 데서 시작된다. 은하수가 막고 있어서 사람들은 하늘나라로 간 씨앗을 가져올 수 없었다. 이에 헤엄을 잘 치는 개에게 은하수를 건너 '다섯 마디의 줄기와 다섯 척(尺)의 이삭'을 가진 곡식 씨앗을 구해오라 했다. 그런데 개가 가는 도중에 한 번 넘어져 사람들이 시킨 내용을 반대로 기억했다. 결국 '다섯 척의 줄기와 다섯 마디의 이삭'을 가지고 돌아온 것이다. 비록 작은 실수가 있었지만 개는 사람들을 도와 곡식 씨앗을 찾아왔으니 옳은 일을 한 것이다.

개가 곡식을 구해온 이야기를 표현한 묘수

「소를 잡아 조상께 제사 지내게 된 유래」

　처음에 사람들은 메뚜기로 조상에게 제사를 지냈다. 그런데 나비엄마가 제물이 너무 보잘것없다고 생각해 흉작을 내려 벌을 주었다. 이때 소가 스스로 나서서 제물이 되겠다고 하자 하느님이 선조들을 위해 밭을 갈게 했다. 이때부터 사람들은 물소로 조상들에게 제사를 지냈고 이후로 날씨가 좋아져 풍족한 생활을 했다고 한다.

「용선절(龍船節) 전설」

　어느 날 묘족 용사 '보(保)'의 아들이 물가에서 장난치며 놀다가 용에게 잡혀 물속으로 끌려가 베개가 되었다. '보'가 이 사실을 알고 물속에 들어가 고추를 불에 태워 나온 연기로 용을 질식시켜 죽이고 그 시체를 넷으로 토막내 아들의 복수를 했다. 용이 죽고 난 후 시체가 물 위로 둥둥 떠올라 아래로 떠내려갔다. 5월 24일에 평채(平寨)에 도착했는데 평채 사람들이 용의 머리를 먹어치웠다. 5월 25일에는 당룡(塘龍)에 도착했는데 당룡 사람들이 용의 목을 먹어버렸다. 5월 26일

치우(蚩尤)의 형상을 그린 묘수

장수미(張秀眉)의 형상을 그린 묘수(苗繡)

여자 영웅 무무식(務茂媳)을 표현한 묘수

에는 요동(遼洞)에 도착했는데 요동 사람들이 용의 몸통을 먹어버렸다. 5월 27일에는 시동(施洞)에 도착했는데 시동 사람들이 용의 꼬리를 먹어버렸다. 사악한 용의 영혼은 계속 떠돌면서 아홉 낮과 밤을 먹구름을 일으켜 농작물들이 잘 자라지 못했고 아가씨들도 시집을 가지 못했다. 나중에 한 꼬마가 홍두깨로 수면을 두드렸더니 갑자기 안개가 걷히고 태양이 다시 나타났다. 이때부터 사람들은 용의 형상을 본떠 통나무배를 만들었다. 그리고 용의 시체가 청수강(淸水江)을 표류하며 도착한 순서대로 나흘간 용주(龍舟)대회를 열어 용에게 제사를 지냈다. 지금까지도 대회에 참가한 용주에는 노인한 명이 있어야 하고, 또 배의 앞뒤로 수놓은 옷을 입은 꼬마가 한 명씩 앉아야 하는데, 이는 보와 보의 아들을 상징하는 것이다. 용주경기를 할 때 꼬마는 징을 치고, 노인은 북을 친다. 사람들은 그들이 치는 박자에 맞춰 노를 젓는다. 우승자는 상품으로 여러 마리의 오리를 받는다.

「봉기를 일으킨 수령 장수미(張秀眉)」

이 이야기는 청(淸)나라 함동(咸同)연간에 검동남(黔東南) 지역의 묘족이 대규모로 봉기했던 사건에 관한 것이다. 장수미는 이때 봉기를 일으켰던 최고 수장이다. 비록 봉기는 실패로 끝났고 장수미 또한 조정에 의해 살해당했지만, 묘족의 마음속에 그는 절세영웅으로 남게 되었다. 묘수(苗繡)에서 장수미는 용감무적의 형상으로 표현된다. 사실 자수에서 장수미의 형상은 상고시기 묘족의 수령이었던 치우(蚩尤)와 닮았다. 『술이기(述異記)』에서는 치우에 대해, "사람 몸통에 소의 발굽을 가졌다", "머리는 구리로, 이마는 철로 되어있고 구레나룻은 마치 검극(劍戟)처럼 생겼으며 머리에는 뿔이 있어 이뿔로 사람을 들이받아 사람들이 감히 그를 향할 수 없었다"라고 묘사했다. 이로 인해 후세에는 그를 전쟁의 신으로 높이게 된다.

「여자 영웅 무무식(務茂媳)」

장수미가 봉기를 일으킬 때, 유명한 여자 수령 무무식에 대해 여러 번 언급했다. 무무식은 태공(台拱) 사람으로 능력이 매우 뛰어났다. 전설에 의하면 그녀는 코끼리를 타고, 요술을 부리는 쌍두계(雙頭鷄)를 정벌하기 위하여 한 손에 영기(令旗)를 휘두르며 한 손에는 은신산(隱身傘)을 들고 갔다고 한다. 영기는 하늘의 장수와 병사를 불러 전쟁을 돕게 할 수 있는 보물이고, 은신산은 전쟁에서 그녀가 불리해지면 안전하게 몸을 빠져나올 수 있게 하는 보물이다. 청(淸)나라 군대는 그녀를 이길 수도 없고 사로잡을 수도 없자 무무식의 연인을 매수했다. 무무식의 연인은 그녀의 보물에 개의 피를 발라 영험한 힘을 잃게 만들었다. 사랑하는 사람의 배신으로 무무식의 병사들은 패하게 되었고, 무무식은 결국 사로잡혀 장렬히 희생되었다. 묘족 자수 장인은 이런 그녀의 죽음을 오히려 꽃밭에 편안히 누워있는 것처럼 아름답게 묘사했다. 어떤 자수에서는 그녀를 군마 혹은 휴뉴(貅狃)에 타고 있는 형상으로 묘사했는데, 흡사 무적의 여전사와 같은 모습이다.

「조덕륵(祖德勒)이 호랑이를 죽이다」

이 이야기는 호랑이가 계략을 써서 사람들을 속여 마을의 문을 열고 조덕륵의 연인을 잡아먹는 데서 시작된다. 나중에 조덕륵은 호랑이를 죽여 원수를 갚았고, 그 용맹함으로 묘왕(苗王)이 되었다. 또 흑양대정[黑洋大箐, 지금의 귀양(貴陽)]에 묘족의 도시국가를 세웠다. 그러나 외족(外族)의 침략을 막기 위해 전쟁을 벌이던 중 조덕륵은 희생되었다. 이후로 묘족들은 그를 민족영웅으로 추대했다. 조덕륵이 음력 '4월 8일'에 전사했기 때문에 이 날은 묘족의 성대한 명절이 되었다. 사실 전통적인 묘족사회에서는 묘왕도 단지 명예로운 호칭일 뿐, 군신이나 관민이라는 신분개념이 없다. 일상생활에서는 '이로(理老)'라고 불리는 마을의 장로가 사람들 사이의 분쟁을 조정하고 중재하는 직책을 맡는다. 그래서 묘수(苗繡)에서 '이로'는 의기양양하게 의자에 앉아 곰방내를 피우는 모습으로 묘사되는데, 그 모습이 매우 재미있다.

이같이 민족의 민간고사 외에도 자수작품에는 묘족의 생활상이 그대로 담겨 있다. 예를 들면, 술법을 부리고 있는 주술사의 모습과 그 옆에 제물로 바칠 수탉이 놓여 있는 작품이 있는가 하면, 한 쌍의 연인이 양산 아래서 사랑을 속삭이는데, 그 오른쪽에 코끼리 한 마리가 있고 코끼리 등 위에서 네 사람이 카드놀이를 하는 모습을 담은 작품도 있다. 이처럼 풍부한 표현은 묘족 여성들의 풍부한 상상력을 보여주고 있다. 묘족 여성들은 제한된 공간 속에 과거와 현재를 매우 자연스럽게 공존시킨다. 묘수에는 코끼리와 코뿔소(혹은 휴뉴) 문양이 많이 등장하는데, 역사기록에 의하면 과거 귀주에는 코뿔소와 코끼리가 많이 있었다고 한다. 코뿔소의 뿔과 코끼리의 상아는 귀주 지역 수령들이 조정에 바치던 주요 진상품이었다. 그리고 살어절(殺魚節)의 풍경을 묘사한 묘수 작품도 있다. 살어절이란 묘족의 전통명절로, 명절 당일에 마을 안의 모든 남성들은 작살을 가지고 강가로 가서 고기를 잡

조덕륵(祖德勒)이 호랑이를 죽이는 장면 [태강현(台江縣) 시동(施洞)]

휴뉴(貅狃)와 이로(理老)의 형상을 담은 묘수(苗繡)[태강현(台江縣) 오하(五河)]

나비 몸에 사람과 용이 담긴 도안[태강현 태공(台拱)]

지네, 태양, 별[(여평현(黎平縣) 동족(侗族)]

아야 한다. 이때 잡은 물고기들은 모두가 균등하게 나눠 갖는다.

청수강형(淸水江型) 서강태공식(西江台拱式) 묘수(苗繡)와 도류강형(都柳江型) 단도식(丹都式) 묘수(苗繡)에는 '묘족 옛 노래[苗族古歌]'와 관련 있는 자수들이 대량으로 등장한다. 어떤 도안은 나비의 몸에 사람이 가득 차있고, 어떤 도안은 용과 다른 동물들이 등장하는 것도 있는데 이는 「나비엄마[蝴蝶媽媽]」 전설에서 나온 것처럼 보인다. 흑령묘자수(黑領苗刺繡)의 백조의(百鳥衣)는 옷 전체를 각종 새, 나비, 지네, 동고(銅鼓), 물고기, 조두룡(鳥頭龍)과 같은 문양으로 채운다. 이는 척우조(鶺宇鳥)의 부화 이야기를 담은 작품으로 보인다.

도류강형(都柳江型) 여종용식(黎從榕式) 동수(侗繡) 도안 또한 동족의 전통문화와 매우 밀접한 관련이 있고 지역적 특색이 매우 강하다. 동족은 물고기, 새, 용, 말, 화초, 동고, 조롱박, 기사(騎士)를 비롯하여 동족만이 가지고 있는 고루(鼓樓)와 풍우교(風雨橋)까지 자수문양으로 이용했다. 배선(背扇)에 사용한 한 자수도안은 잎과 가지가 무성한 큰 용수(榕樹) 네 그루를 감싸고 사방에 태양이 비추는 모양이다. 이는 동족이 자신의 생활터전인 아열대 생태환경에 대한 애정을 표현한 것이다. 동족의 치마에서 볼 수 있는 조롱박 문양으로, 동족도 묘족의 「남매의 혼인」 전설과 같은 이야기가 있음을 알 수 있다. 동족 자수에서 보이는 거미 문양은 동족 특유의 문양이다. 전설에 의하면 동족 선조들은 거미가 거미줄 치는 것을 보고 무언가를 깨달아 옷감 짜는 방법을 터득했다고 한다. 그래서 동족은 거미를 여성의 수호신이자 지혜의 상징으로 보고 숭배한다. 동족은 매우 섬세하고 유순한 부족으로 달에 대한 애정이 각별하다. 때문에 월량복(月亮服)이 탄생하게 된 것이다. 월량복은 중조동족(中朝侗族)의 고아한 예복으로, 상의의 앞뒤에 모두 아홉 개의 은백색 달을 수놓는다. 전하는 바에 의하면 이 달은 용사가 쏜 화살에 맞아 떨어졌는데 동족 여성이 소중히 간직했다가 옷에 수를 놓아 계속 밤하늘을 비추게 했다고 한다. 어떤 동족 거주지에는 태양복(太陽服)도 있다. 태양복은 옷 위에 아홉 개의 붉은 태양을 표현했다. 전설에 따르면 어느 날 홍수가 크게 나자 동족의 할머니인 '신살세(神薩歲)'가 아홉 개의 태양에게 나오라고 부탁하여 홍수를 말려버렸다. 이로 인해 만물이 다시 생장할 수 있게 되었다고 한다.

(2) 귀주민족 민간자수의 문양

　귀주민족 민간자수의 문양은 매우 풍부하고 다채롭다. 예를 들면, 묘수에 등장하는 용의 문양만 해도 그 종류가 매우 다양한데 어룡(魚龍), 조룡(鳥龍), 오공룡(蜈蚣龍), 사룡(蛇龍), 비룡(飛龍), 산룡(山龍), 수룡(水龍), 잠룡(蠶龍), 우룡(牛龍), 마룡(馬龍), 상룡(象龍), 양룡(羊龍), 인두룡(人頭龍), 쌍신룡(雙身龍), 쌍두룡(雙頭龍), 방해룡(螃蟹龍), 초룡(草龍), 화룡(花龍), 엽룡(箕龍), 구인룡(蚯蚓龍), 나사룡(螺絲龍), 파기룡(簸箕龍), 판등룡(板凳龍)이 있다. 이런 용들은 묘족의 원시 종교신앙과 관련이 있다. 그런데 묘족의 종교신앙에는 귀신은 있지만 신은 없다. 그러나 어떤 것이든 어느 정도의 수련을 거쳐 일정한 수준에 도달하면 몸이 용으로 변한다고 믿는다. 이는 한족(漢族)문화에서 득도하여 신선이 되는 것과 같다. 묘족의 노래 중 용에게 바치는 「제룡가(祭龍歌)」가 있다. 그 가사를 보면, "사람이 죽으면 남자는 용으로 변하고 여자는 귀신으로 변한다오"라는 부분이 있다. 그리고 몇몇 용의 형상들은 한족의 민간고사에서 온 것들도 있는데, 예를 들면, 인두룡의 경우 「우렁각시[田螺姑娘]」 전설과 관련이 있다. 이는 또 상고시기 신화 중에 등장하는 사람머리에 뱀의 몸통을 가진 복희(伏羲)와 여와(女媧)의 형상에서 영향을 받았을 가능성도 있다.

　-물고기 문양: 물고기 문양이 대량으로 나타나는 이유는 고대 귀주의 소수민족들이 어로(漁撈) 및 벼농사를 짓던 생산방식을 표현했기 때문이다. 그리고 물고기는 알을 많이 낳는 특성이 있어 자손의 번성을 상징한다. 여기서 우리는 소수민족의 생식숭배 의식을 엿볼 수 있다.

　-새 문양: 새는 일부 민족들의 토템 중 하나이기에 새를 수놓은 자수는 매우 다양하다. 그 중에서 가장 돋보이는 것이 바로 단도식(丹都式)으로 만든 묘족(苗族) 백조의(百鳥衣)이다. 백조의의 검은 옷깃을 묘족들은 '알료(嘎鬧)'라고 부른다. '알(嘎)'자는 묘족 언어에서 중국어의 호칭 앞에 붙이는 '아(阿)'자와 같이 아무 의미가 없는 접두사이고, '뇨(鬧)'는 바로 새라는 뜻이다. 여기에서 우리는 이들이 스스로를 '새의 후예'로 생각한다는 사실을 알 수 있다.

　-소 문양: 소 또한 귀주민족 민간자수에서 중요한 도안 중 하나이다. 소는 인류의 가장 충실한 파트너로 묘족의 조상인 치우(蚩尤)는 '탁록(涿鹿)전투'를 치를 때 머리에 날카로운 칼을 매단 소뿔을 이용해 황제(皇帝)를 공격했다고 한다. 또 다른 전설에 의하면, 어느 날 천왕(天王)이 용태자(龍太子)에게 명하여 인

살어절(殺魚節) 묘수(苗繡)[태강현(台江縣) 시동(施洞)]

물고기 배 안에 생겨난 복숭아와 복숭아 속의 용[태강현 태공(台拱)]

소를 잡아 조상에게 제사를 올리는 장면

오색(五色) 용구(龍狗) 묘수

무당과 닭을 표현한 묘수(苗繡)[태강현(台江縣) 시동(施洞)]

교미(交尾)와 동시에 알을 낳는 닭(태강현 시동)

간들에게 "하루에 세 번 세수를 하고, 밥을 한 끼만 먹어라" 라는 명령을 전했다. 그런데 용태자가 "하루에 한 번 세수를 하고, 밥은 세 끼를 먹어라"라고 전하는 바람에 인간들이 먹을 양식이 부족하게 되었다. 그래서 천왕은 용태자를 소로 변하게 하고 지상으로 보내 인간들의 경작을 돕게 했다고 한다. 이렇게 하여 소는 용의 화신이 되었다. 소는 또 제사에서 가장 중요한 제물이다. 묘족의 민족명절인 '흘신절(吃新節)'에는 해마다 논에서 가장 먼저 수확한 첫 그루터기에서 나온 쌀로 밥을 지어 소와 개에게 먹인다. 그리고 묘족은 가뭄이 들면 용을 부르는 의식을 거행했는데 이 의식에서 소 한 마리와 거위 한 마리를 바친다. 여기에서 거위는 기러기를 대표하고 소는 용을 대표하는데, 기러기에게 용을 불러와 비를 내리게 해서 가뭄의 고통을 없애달라는 뜻이 담겼다. '휴뉴(貅狃)'는 신성을 부여받은 소로, 어떤 사람은 코뿔소라고도 하지만 묘수에서 표현된 형상은 오히려 기린(麒麟)과 유사하다. 왜냐하면 귀주 지역에서 코뿔소는 이른 시기에 멸종되었기에 묘족 사람들이 그 구체적인 형상을 잊어버렸기 때문이다. 그러나 구전문학에서 자주 언급되니 할 수 없이 한족문화 중 신수(神獸)인 기린의 형상으로 대체했다. 하지만 코끼리는 귀주 지역에서 멸종된 시기가 늦어 묘족이 그 형상을 표현함에 생생한 기억력을 되살릴 수 있었다. 때문에 묘수에서 코끼리의 형상은 비교적 사실적으로 묘사되었다.

-개 문양: 개는 인류의 가장 유능한 조수이다. 요족(瑤族) 동서부의 묘족 신화전설에 의하면, 오색의 신견(神犬) '호(瓠)'가 적국 장수의 머리를 국왕에게 바치자 국왕이 공주를 신견에게 시집보냈다고 한다. 이 둘은 여섯 명의 아들과 여섯 명의 딸을 낳았고, 남매지간에 혼인하여 또 많은 자손을 낳아 큰 부족으로 번성했다고 한다. 그래서 이들 자수 중에는 개를 사용한 도안이 많다. 중부 묘족에게는 이 전설이 전하지 않는다.

-닭 문양: 닭은 인류가 가장 많이 사육한 가금(家禽)이다. 번식능력이 매우 강하기 때문에 사람들은 닭을 번식의 상징으로 여긴다. 쌍두계(雙頭鷄) 문양이 묘사하고 있는 것은 교미 중인 닭 두 마리이다. 거기에 달걀이 하나 나오는 것은 생식숭배의 의미가 담겨있다. 무당이 제사를 지낼 때 제물로 자주 사용하는 것 또한 수탉이기도 하다. 점을 칠 때 수탉과 달걀을 많이 사용하는데 이를 두고 계복(鷄卜), 단복(蛋卜)이라고 한다. 따라서 수탉은 무술(巫術)과 신력(神力)의 상징이 되었다.

자수에 등장하는 동물문양으로는 닭, 오리, 거위, 봉황, 말, 양, 호랑이, 코끼리, 사자, 고양이, 원숭이, 사슴, 오리, 토끼, 돼지, 개구리, 새우, 게, 거북이, 뱀, 학, 지렁이, 나비, 박쥐, 꿀벌, 까치, 개똥지빠귀, 참새, 금계(金鷄), 백로, 수달, 메뚜기, 귀뚜라미, 우렁이, 조개껍데기, 죽서(竹鼠), 잠자리, 꽃사슴, 천산갑(穿山甲), 대벌레, 소금쟁이, 검은댕기해오라기, 부엉이 등등이 있다. 대부분 귀주 지역에 서식하는 가축과 야생동물로, 해당지역 민족의 생활과 밀접한 관련이 있다. 또한 이런 동물과 관련된 신화전설 및 민간고사도 매우 많다. 시동식(施洞式) 묘수(苗綉)는 동물의 몸 위에 창자 문양을 수놓는데, 이는 묘족이 사람과 동물이 모두 창자를 가지고 사유한다고 여기기 때문이다. 마치 고대 한족(漢族)이 심장으로 사유한다고 생각했던 것과 같은 이치이다. 즉, 이들에게 창자는 지혜와 영성(靈性)이 존재하는 곳이다.

－식물 문양: 식물 문양 중 가장 많이 사용되는 것은 앞서 언급했던 조롱박, 단풍나무, 용수(榕樹)나무이다. 이 밖에도 여러 가지 꽃과 열매 그리고 풀잎도 사용된다. 예를 들면, 모란, 복숭아꽃, 연꽃, 국화, 자두꽃, 매화, 유채꽃, 깨꽃, 벚꽃, 자리화(刺梨花), 남전화(藍靛花), 기름오동나무꽃, 영산홍, 메밀꽃, 덩굴꽃[일명, 당초문(唐草紋)], 맨드라미, 냉이, 고사리, 부평초, 복숭아, 자두, 은행, 석류, 포도, 보리이삭, 벼이삭 등등이 있다. 이런 문양 중에는 길상(吉祥)의 의미를 담고 있는 것이 있다. 예를 들면, 석류는 많은 자손을 상징하고 복숭아는 장수를 상징한다. 또 지역적인 특색을 갖고 있는 것도 있다. 예를 들면, 자리화가 바로 오직 귀주에서만 나는 꽃이다.

－기하 문양: 기하 문양과 추상적인 문양은 귀주민족 민간 자수 중 가장 이른 시기에 보이며 비교적 많이 사용되는 문양 중 하나이다. 예를 들면, 만자문(萬字紋), 정자문(井字紋), 십자문(十字紋), 산자문(山字紋), 월형문(月形紋), 반장문(盤長紋), 삼각문(三角紋), 능형문(菱形紋), 오각문(五角紋), 육각문(六角紋), 팔각문(八角紋), 운권문(雲卷紋), 운뢰문(雲雷紋), 거치문(鋸齒紋), 회형문(回形紋), 나선문(螺旋紋), 선와문(漩渦紋), 수파문(水波紋), 강하문(江河紋), 우제차(牛蹄叉), 저제차(猪蹄叉), 우아문(牛牙紋), 구아문(狗牙紋), 호조문(虎爪紋), 우각문(牛角紋), 유정문(乳釘紋), 구이문(狗耳紋), 어미문(魚尾紋), 광망문(光芒紋), S형문, M형문, T형문, U형문이 있다. 어떤 작품은 기하학적 도형과 추상적인 문양으로 사실적인 문양 사이를 채우거나 연결하는 데 사용한다. 물론 독립적으로 문양을 구성하거나 중심 문양으로 사용되기도 한다. 예를 들면, 뇌산(雷山)의 단군묘자

식물 도안[태강현 태공(台拱)]

하나로 융합된 사실적인 도안과 추상적인 도안[용강현(榕江縣) 팔개(八開)]

수(短裙苗刺繡), 황평(黃平)의 자강묘자수(紫姜苗刺繡), 정풍(貞豊)의 흑묘자수(黑苗刺繡), 안순(安順)의 보정홍묘자수(普定紅苗刺繡), 혁가자수(僳家刺繡), 그리고 일부 여종용식(黎從格式) 동수(侗繡)와 귀주 서부의 묘족 자수가 그렇다. 이들 모두 기하학적 도형 문양과 추상 문양을 주요 도안으로 사용한다.

－건축물 문양: 건축물 문양의 예를 들면 다음과 같다. 누대와 정자, 고루(鼓樓)와 화교(花橋), 사당, 매우 간결하게 묘사한 성곽과 해자(垓字), 그리고 전원 등을 표현한 문양이다. 이 중 어떤 것은 주로 인물이나 동물 그리고 식물 문양을 덧대어 표현했다. 또 일부 서부묘수(西部苗繡) 중에는 성곽과 전원을 주제로 삼아 잃어버린 고향에 대한 그리움과 추억을 나타내기도 한다.

－문자 문양: 문자를 도안으로 하여 장식하는 문양은 매우 중요한 의미를 가지고 있다. 왜냐하면 어떤 민족은 민족 언어는 있으나 민족의 문자가 전해지지 않기 때문이다. 전설에 의하면 묘족의 조상들은 원래 문자를 갖고 있어 진흙판(일설에는 죽판)에 새겨놓았다고 한다. 그러나 화하(華夏) 부락과의 전쟁에서 패하자 진흙판을 가지고 이동했고 강을 건널 때 예기치 않게 배의 바닥에 구멍이 나 진흙판이 망가지면서(일설에는 죽판이 물에 떠내려감) 결국 문자를 잃었다고 한다. 하지만 현대 학자들은 묘족 조상들의 문자는 진시황(秦始皇)이 문자통일을 시행할 때 잃었다고 생각한다. 일부 지방지(地方誌)와 조사결과에 따르면, 묘족은 역사적으로 일찍이 여러 번 자신들만의 문자를 창제하려고 시도했다. 이는 묘족이 문화적으로 자신들의 독립성을 유지하려고 했음을 나타내는 것이다. 일부 묘수에서는 문자와 유사한 부호가 보이는데 이는 아마도 옛 묘족 문자에 대한 추억일 것이다. 그러나 현재까지도 명확히 증명할 방법은 없다. 일부 묘족 자수에는 한자를 해체하여 장식 도안으로 구성하기도 한다. 이런 표현은 특이한 형식미를 준다. 그리고 몇몇 소수민족 자수에서는 길한 의미를 갖고 있는 한자들을 사용하여 장식을 했다. 예를 들면, 한 동수(侗繡) 작품에는 '운(雲)', '강(江)', '수(壽)', '복(福)'을 수놓았다. 사실 자수를 놓는 소수민족들은 이 네 글자의 뜻을 잘 이해하지 못할 뿐더러 한자를 전혀 모르기도 한다. 단지 글자의 형태가 예뻐서 장식의 도안으로 사용한 것이다.

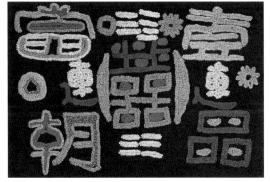

한자로 구성된 도안[개리시(凱里市) 괘정(挂釘)]

한자를 해체한 뒤 재배열한 도안[태강현(台江县) 시동(施洞)]

7. 귀주민족 민간자수의 제작방법

　귀주민족 민간자수는 재료의 선택과 제작순서 그리고 사용기법이 매우 다양할 뿐만 아니라 다채롭다. 민족, 종파, 지파, 지역에 따라 장점과 특징이 있다. 자수기법에 있어서도 정교함의 차이와 기술의 차이가 존재한다. 자수기법은 대략 열 가지가 있으며 각각의 변형된 기법도 포함된다.

　(1) 귀주민족 민간자수의 준비
　귀주의 소수민족은 오랫동안 자급자족과 남자는 밭을 갈고 여자는 천을 짜는, 원시적인 생활을 이어왔다. 때문에 자수를 놓기 전 준비작업에 필요한 모든 과정을 스스로 한다. 목화를 심는 것부터 시작해서 실 잣기, 베 짜기, 양잠, 실 뽑기, 염색, 밑그림 그리기에 이르기까지 모든 과정에 필요한 도구 또한 직접 제작한다.
　자수용 바탕천은 매우 세련되고 정교하며 종류 또한 매우 다양하다. 그 중 가장 유명한 것은 화초포(花椒布) 혹은 두문포(斗紋布)라 하는 어두운 무늬의 면직물로, 그 제작과정이 매우 복잡하다. 우선 물소 가죽을 오랫동안 끓여 만든 풀을 면직물에 먹인다. 다시 붉은색 열매가 달린 홍자(紅子)의 나무뿌리와 나무 태운 재를 함께 끓여서 붉은 갈색 빛이 나는 물을 만들고, 거기에 자수천을 푹 담가 두껍고 단단하게 만든다. 파란색 염색방법은 다음과 같다. 천을 매일 청람(靑藍)을 풀어 놓은 물에 담가 색이 물들게 한다. 물이 잘 들었으면 햇빛에 잘 말리고 다듬이질을 해야 한다. 청람은 쪽을 가지고 만든다. 쪽은 봄에 심고 가을에 거두는데, 수확 후 큰 나무통에 담아 물을 붓고 오랜 시간 우리고 발효시켜 침전시킨다. 거기에 석회수와 나무 재 혹은 알칼리성 흙을 넣어 산성을 중화시킨다. 또 녹물을 넣어 철 성분을 더해주어 더욱 푸른색이 나도록 하고 술을 넣어주면 색이 더 밝아지고 산뜻해지게 된다. 다시 여기에 염료액, 개산초, 들모란 뿌리 등 여러 가지 식물을 한데 넣고 끓인 즙을 천에 발라준다. 검은색으로 염색하는 염료액은 야생 버드나무, 진달래꽃, 밤 껍질, 청반(靑礬), 오배자(五倍子) 등을 함께 찧은 후 오랫동안 끓여서 만든다. 그리고 어떤 것은 청미래 덩굴의 덩이뿌리를 짠 보랏빛 즙으로 다시 염색하고, 여기에 달걀 흰 자를 반복적으로 발라가며 두들겨 더욱 윤이 나게 한 것도 있다. 또 어떤 것은 용담자(龍膽紫, 젠티아나 바이올렛)를 발라 풍뎅이의 등껍질처럼 광택

전지(剪紙)로 만든 묘수(苗繡) 밑그림[태강현(台江縣) 시동(施洞)]

이 나게 한 것도 있다.

실을 염색하는 작업도 직접 한다. 빨간색 염료는 꼭두서니, 참죽나무 껍질, 소귀나무 열매(楊梅) 즙, 홍화(紅花), 소의 피, 주사(朱砂) 등의 재료들을 같이 오래도록 끓여 만든다. 노란색 염료는 노란색 치자, 아카시아 꽃, 석황(石黃) 등의 재료들을 같이 오래도록 끓여 만든다. 전하는 바에 따르면, 시동(施洞) 지역의 부녀자들은 모두 자신들이 만든 염료를 사용해 50여 종의 색실을 염색해낼 수 있다고 한다.

귀주 대다수 민족의 민간자수는 전지(剪紙)를 사용하여 밑그림을 그린다. 왜냐하면 일반적으로 바탕천의 색이 진해서 붓으로 직접 밑그림을 그리면 알아보기 어렵기 때문이다. 그래서 옅은 색 전지를 붙여 밑그림으로 이용하면 도안이 분명하고 가공이 편리하며 붓으로 그린 흔적이 남지 않는다. 귀주민족 민간자수 중에는 대칭이나 중복된 도안들이 매우 많다. 그 이유는 전지로 한 번에 같은 모양의 도형을 가지런하게 하여 여러 개를 자르기 때문이며 이렇게 시간과 노동력을 절약한다. 전지는 수를 놓는 사람이 직접 만들 수도 있고 다른 사람이 만들어 줄 수도 있다. 이 때문에 기술이 아주 뛰어난 전지 제작자는 지역과 시기의 자수풍격에 큰 영향을 미친다.

여평(黎平), 용강(榕江), 종강(從江), 뇌산(雷山), 단채(丹寨)와 같이 멀리 떨어져 있는 산간지역에서는 여전히 비교적 원시적인 형태의 자수재료들을 사용하고 있다. 그들은 실크나 천에 자수를 놓지 않는다. 평평한 판자 위에 누에가 토한 실을 이용해 판사(板絲)를 만든 뒤, 그것을 눌러 평평하게 한 다음 빨간색이나 초록색으로 염색한다. 이렇게 만든 부직포를 자수의 바탕천이나 포첩수(布貼繡)의 재료로 사용한다.

이 밖에 장식용 납 조각(아연 조각) 만들기, 팔고대(八股帶) 뜨기 등 여러 가지 준비작업들이 있으나 여기서는 자세히 소개하지 않겠다. 사전준비 작업을 마치면 비로소 자수를 시작한다. 귀주민족 민간자수와 주류 자수의 중요한 차이점은 바로 수틀과 자수대를 사용하지 않는다는 것과 밑그림을 그리지 않아도 된다는 것이다.

(2) 귀주민족 민간자수의 기법

1) 귀주민족 민간자수의 일반적인 침법(針法)

귀주민족 민간자수에 자주 사용되는 침법으로는 쇄수(鎖繡),

묘족 전지 공예인[뇌산현(雷山縣) 서강(西江)]

반수[整繡, 전수(纏繡)·마미수(馬尾繡)·변수(辮繡)·추수(縐繡) 포함], 평수[平繡, 파선수(破

線繡)·차침수(岔針繡) 포함], 타자수(打籽繡), 포접수[布貼繡, 첩화(貼花)·퇴화(堆花) 포함], 석수(錫繡), 피금수(皮金繡) 등이 있다.

① 쇄수(鎖繡)

귀주 소수민족은 쇄수를 쇄자수(鎖子繡), 쇄변수(鎖辮繡), 변자고(辮子股)라고도 부른다. 수를 놓아 만든 문양이 마치 머리를 땋은 듯한 형상과 같다. 이 기법은 가장 오래된 자수 침법으로, 은·주(殷·周)시기부터 진·한(秦·漢)시기에 이르기까지 대부분 쇄수를 사용했다. 쇄수에는 쌍침법(雙針法)과 단침법(單針法) 두 가지가 있다. 쌍침법은 자수를 놓을 때 각각 실을 꿴 바늘 두 개를 동시에 운용하는 방법으로, 하나는 두꺼운 실을, 다른 하나는 가는 실을 사용한다. 두꺼운 실로 고리를 만든 다음 가는 실을 거기에 통과시킨 후 당겨주는 방식이다. 이런 식으로 계속 수를 놓으면서 도안을 완성한다. 단침법은 '열린 쇄수'라고도 부르며, 하나의 실을 꿴 바늘 하나만 사용하여 수를 놓는데, 바느질 한 땀으로 고리를 만들고 다시 바늘을 그 고리로 통과시킨 후 당겨주는 방법을 반복함으로써 결을 만들어가는 기법이다.[양정문(楊正文), 『묘족복식문화』, 귀주민족출판사, 1998년] 즉, 쌍침법은 '닫힌 쇄수[閉口鎖]'이고, 단침법은 '열린 쇄수[開口鎖]'이다. 청수강형(清水江型) 시동식(施洞式) 묘수(苗繡), 여종용식(黎從格式) 동수(侗繡), 황평묘수(黃平苗繡) 등 대부분이 쌍침쇄수를 많이 사용한다. 그러나 안순(安順)과 나박하(羅泊河) 지역의 묘족은 대부분 단침쇄수를 사용하여 도안의 윤곽을 나타낸다. 동족(侗族)에게는 특수한 쇄자수가 있는데 수를 놓은 선의 형상이 마치 침목을 가득 깔아놓은 철도선과 같다.

② 반수(盤繡)

반수는 가공을 마친 특제 자수실로 천에 이미 그려놓은 문양을 반법(盤法)을 사용해 평평하게 감싸는 동시에 같은 색의 가는 실로 고정시키는 방법이다. 어떤 특제 자수실을 사용하느냐와 어떤 반법을 쓰느냐에 따라 변수(辮繡), 추수(縐繡), 전수(纒繡), 마미수(馬尾繡)로 나누어진다.

㉠ 변수(辮繡): 이 기법 또한 가장 오래된 자수 침법이다. 은·주시기부터 진·한시기의 자수는 대부분 이 침법을 사용했으며 구체적인 순서는 다음과 같다. 먼저 실을 댕기처럼 땋아 띠를 만든다. 8가닥, 12가닥 혹은 16가닥의 색실을 네 부분으로 나누어 띠를 짜는 기계로 어느 정도 넓이가 있게 짠다. 띠를 다 짜고 나면 밑그림 문양의 윤곽을 따라 바깥쪽에서부터 안쪽으로 평평하게 감싸가며 도안을 완성해간다. 그 다음 실을 사용하여 천 위에 도안을 고

쇄수(鎖繡)

반수(盤繡)·변수(辮繡)

반수·추수(縐繡)

정시킨다. 변수는 평수(平繡)에 비해 입체감과 양감을 더 두드러지게 표현할 수 있어 시각적 효과가 강하다. 개리(凱里) 주계(舟溪)의 묘족이 바로 띠 형태의 색깔 천을 사용하여 '바둑판 모양의 무늬(席紋)' 도안으로 짠 다음 그것을 바탕천 위에 꿰매어 허리 부분을 장식하는데, 또 다른 멋이 있다.

ⓛ 추수(縐繡): 기본적인 변수에서 발전한 형태의 기법으로, 이 또한 먼저 댕기처럼 땋아 띠를 만든다. 댕기 형태의 띠를 다 만들고 나면 밑그림 문양의 윤곽을 따라 바깥에서 안쪽으로 주름을 가득 잡은 후 같은 색의 실로 고정시킨다. 바늘이 한 땀 한 땀 내려갈 때마다 띠를 겹치게 한 번씩 접어주어 꽃봉오리처럼 만든다. 변수가 댕기처럼 땋은 띠를 천 위에 그대로 고정하는 것이라면, 추수는 댕기처럼 땋은 띠를 주름지게 접은 후 바탕천 위에 고정시켜 도안을 구성하는 것이다. 이렇게 문양을 만들면 더욱 형상적인 느낌이 나 변수에 비해 입체감이 더욱 강하다. 변수와 추수가 유행한 지역은 주로 청수강 유역의 태강현(台江縣) 태공(台拱), 배양(排羊) 그리고 뇌산현(雷山縣) 서강(西江)이다.

ⓒ 전수(纏繡): 전수는 전선수(纏線繡), 축수(軸繡), 타선수(打線繡)라고도 한다. 면사, 마사 혹은 견사 한 가닥을 가지고 축을 만든 다음 또 다른 실을 가지고 축을 감으면서 꼬아 내려간다. 다 꼬고 나면 그 외형이 마치 바이올린 현처럼 된다. 문양의 밑그림을 이렇게 특수하게 만든 실로 바탕천 도안의 바깥 윤곽을 따라 고정시킨다. 그 다음 평수, 타자수 등 여러 가지 기법을 사용하여 도안의 안쪽을 채운다. 이런 자수기법을 사용하면 문양이 촘촘하고 디자인이 단순명료해지며 더욱 입체감이 살아난다. 전수가 유명한 지역으로는 태강현 혁일(革一), 개리시(凱里市)의 옹항(翁項), 방해(旁海), 개당(凱棠) 및 직금(織金), 대방(大方), 보정(普定) 일대의 묘족(苗族)과 여종용(黎從榕) 일대의 동족(侗族)이다.

③ 평수(平繡)

천에 미리 그려 놓은 문양에 따라 바느질과 실을 처리할 때, 자수실을 사용하여 문양의 도안을 다 덮어가면서 자수를 완성하는 방식이다. 귀주 소수민족은 전지로 밑그림을 만들어 바탕천에 붙인 뒤 색실로 바느질과 실 처리를 하는 것이 더욱 익숙하다. 일반적으로 첫 바느질은 도안의 가장자리 부분부터 시작한다. 바느질 땀의 크기는 균일하게 하고 자수의 밀도는 적당한 정도를 유지하며 실 처리 또한 겹치거나 밑바탕이 드러나지 않도록 한다. 자수의 표면은 평평하면서

평수(平繡)

도 고르고 매끄러우며, 안쪽에 전지로 만든 밑그림을 감싸면서 수를 놓기 때문에 입체감과 볼륨감이 더욱 크다. 이 기법은 귀주 소수민족이 가장 많이 사용하는 방법 중 하나로 익숙해지면 저절로 요령이 생겨 전지로 밑그림 도안을 만들거나 천 위에 직접 밑그림을 그릴 필요가 없게 된다. 손톱으로 대강 천 위에 문양의 흔적을 남겨서 바느질을 쉽게 할 수 있도록 하는데, 이렇게 해도 오차가 생기지 않는다. 평수는 가장 기본적인 자수기법 중 하나로, 이를 기본으로 하여 장단침, 차침수, 부선수, 도침수와 같은 몇 가지 기법들로 나뉘어 발전되었다.

㉠ 장단침(長短針): 장침을 사용할 때 실이 느슨해지는 문제를 피하기 위해 바느질 땀을 짧게 하여 바느질한다. 원래 장침의 한 땀 거리를 작게 두 땀 혹은 세 땀으로 나누는 것으로, 즉 장침 한 땀을 여러 땀의 단침이 되게 한다. 이렇게 수를 놓으면 자수실이 자수천 위에 더욱 잘 붙는다. 땀의 크기가 너무 커서 실이 느슨해지는 것을 피하기 위해 때로는 이미 큰 땀으로 수를 놓은 곳에 바로 간단하게 작은 꽃무늬를 수놓기도 한다.

㉡ 차침수(岔針繡): 차침수는 차선수(岔線繡), 투침수(套針繡), 착침수(錯針繡)라고도 한다. 화면(畵面)의 일부분에 다른 색깔의 색실로 장단침을 사용하여 평행한 방향으로 어긋나게 바느실을 한다. 채도와 온도 변화를 점층적으로 나타내어 도안의 색채변화를 풍부하고 아름답게 만든다. 이런 기법은 대부분 태공(台拱) 지역의 묘수(苗繡)에서 많이 사용된다.

㉢ 부선수(劈線繡): 사실 이 기법은 바늘보다는 실을 활용하는 방법이라 하겠다. 이 침법은 중국 4대 유명 자수에 고루 사용되고 있다. 부선수는 먼저 색실을 쪼개어 더 가늘게 만든 실이나, 견사만큼 가늘게 만든 실 약간을 쥐엄나무 열매로 만든 비눗물에 담가 표면을 매끄럽게 만든 다음 그것을 평수 침법을 사용하여 자수를 놓는 방식인데 이 점이 일반 평수와 주된 차이점이다. 파선수(破線繡)를 사용하면 수를 놓는 면이 더욱 평평하고 부드럽다. 그래서 도안을 정교하고 세밀하게 표현할 수 있고 자수를 놓은 표면 또한 비단처럼 매끄럽다. 그래서 자수실의 흔적이 남지 않고 동시에 색이 점차 변하는 그러데이션 효과와 여러 가지 혼색(混色)효과를 표현할 수 있다. 귀주민족 민간자수 중에서 부선수는 시동식(施同式) 자수에 가장 광범위하게 활용된다. 부선수는 대부분 성장(盛裝)의 소매장식, 옷깃장

평수 · 차침수(岔針繡)

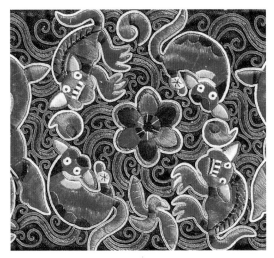

평수(平繡) · 부선수(劈線繡)

타자수(打籽繡)

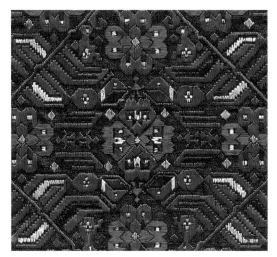

수사수(數紗繡)

식, 어깨장식, 허리장식 등에 많이 사용된다. 대체로 전지를 밑그림으로 사용하며 쇄수로 테두리에 수를 놓는데, 수를 다 놓은 문양은 어느 정도 두께가 있어 입체감이 나타난다.

④ 타자수(打籽繡)

타자수는 자수천 표면에 바느질을 할 때, 바늘에 실을 두세 번 감은 다음 수를 놓는 침법이다. 이렇게 수를 놓으면 씨앗 모양이 되는데 이런 씨앗 모양을 가지고 문양을 구성하면 자수천 위로 곡식 낱알이 펼쳐져 있는 모양이 된다. 타자수는 대부분 전수(纏繡)와 결합하여 사용하며 전수로 바깥 부분의 윤곽을 나타낸 다음 타자수로 층층이 도안을 가득 채우는 형식이다. 타자수 또한 오래된 자수기법 중 하나이다. 귀주민족 민간자수 중 주로 타자수 기법을 사용하여 복식을 만들고 장식하는 지역으로는, 여종용 지역, 태강현의 혁일, 개리시의 방해와 개당 지역이 있다. 이 밖에 혜수(惠水) 파금(擺金)의 '타철묘(打鐵苗)' 또한 주로 타자수를 사용하여 허리띠와 등배 부분을 장식한다.

⑤ 수사수(數紗繡)

수사수는 납사수(納紗繡), 납수(納繡), 평도(平挑), 직금수(織錦繡)라고도 한다. 직물의 씨실과 날실을 따라 평수 침법을 사용하여 여러 가지 기하학적 무늬 도안을 나타내는 방법인데, 비단을 짠 것과 같은 효과가 나타난다. 어떤 것은 실 한 가닥만 사용하고, 어떤 것은 실 두 가닥을 사용한다. 실 한 가닥만 사용하면 도안이 평평하고 가지런하며 매끄럽고 윤이 난다. 실 두 가닥을 사용하면 도안이 두껍고 톡톡하게 되어 약간 입체적으로 보인다. 수사수와 도화(挑花)는 서로 다른 것이다. 전자는 천의 씨실과 날실의 위치를 이용해 씨실 혹은 날실의 방향을 따라 평수의 실 처리 방법으로 한쪽 방향으로만 수를 놓는다. 아울러 구도에 따라 실과 바늘을 꽂았다 뺐다 해야 한다. 후자도 천의 씨실과 날실을 이용해 수사(數紗)하는 것이지만 십자수 침법을 사용한다. 귀주민족 민간자수 중 많은 종류가 수사수를 사용하는데, 그중에서도 정풍묘수(貞豐苗繡), 황평묘수(黃平苗繡), 대당묘수(大塘苗繡)에서 사용하는 수사수 문양이 가장 정교하고 아름답다.

⑥ 포첩수(布貼繡)

방식과 방법에 따라 두 가지 유형으로 나눌 수 있는데, 하나는 '첩화'이며, 다른 하나는 '퇴화'이다.

㉠ 첩화(貼花): 첩화는 포첩(布貼), 보화(補花)라고도 한다. 만

드는 방법은 이미 골라놓은 색깔 천을 꽃모양으로 잘라 바탕천 위에 붙인 뒤 꽃모양 천 주변을 돌아가며 바느질해 완성하는 것이다. 주로 포첩수를 사용하는 지역은 뇌산현(雷山縣)의 서강(西江), 태강현(台江縣)의 태공(台拱), 여종용(黎從榕) 지역, 개리시(凱里市)의 주계(丹溪), 마강현(麻江縣)의 하사(下司), 단채현(丹寨縣)의 남고(南皐)와 양무(楊武), 나박하(羅泊河) 연안의 복천시(福泉市) 장평(場坪)과 왕가파(王家坡), 보정현(保定縣)의 정동(定東), 귀양시(貴陽市)의 오당(烏當), 혜수현(惠水縣)의 압용(鴨絨), 필절(畢節) 지역, 보정현(普定縣) 등이다. 서강태공식(西江台拱式) 묘수(苗繡) 중에는 보화를 이용한 변수(辮繡)가 있는데, 매우 특색이 있다.

포첩수(布貼繡)·퇴화(堆花)

ⓛ 퇴화(堆花): 퇴화는 첩수(疊繡), 퇴릉(堆綾)이라고도 한다. 만드는 방법은 먼저 쥐엄나무 열매로 만든 비눗물을 잘 풀어놓고 거기에 채색 능직물을 담가 표면을 매끈하게 만든다. 그 다음 천을 작은 삼각형모양으로 잘라 아래 양쪽 각(角) 부분을 안쪽으로 접어 다시 꼬리가 있는 작은 삼각형으로 만든다. 문양에 따라 이렇게 만든 각종 색깔의 삼각형들을 밑그림의 순서대로 하나씩 눌러 붙여주면서 도안을 만든다. 마지막으로 색실로 자수를 놓아 고정시켜주면 완성이다. 디자인이 정교하면서도 심플하고, 색채가 알록달록 화려하여 모자이크로 상감처리한 벽화 같은 효과를 준다. 종종 작은 소매에 채색 능직물로 만든 수많은 형형색색의 작은 삼각형을 아주 겹겹이 쌓아 만든 것들이 있는데 마치 피라미드 하나를 쌓아 올린 것을 방불케 한다. 개리시의 방해(旁海), 개당(凱棠)과 태강현 혁일묘족(革一苗族)의 성장(盛裝)은 첩수를 옷의 큰 면적에 사용하여 배선(背扇, 아기띠), 소매, 옷깃 그리고 등배를 장식한다. 태강, 뇌산 일대의 묘족들은 이 방법을 옷깃과 소매장식에 많이 사용하지만 그 사용면적은 작다.

2) 귀주민족 민간자수의 재료와 가공법

검산(黔山)과 축수(築水) 지역은 땅과 물이 좋아 여러 우수한 인재들을 배출시켰다. 이런 훌륭한 자연환경은 사람들에게 고향에 대한 애정과 그리움을 불러일으킨다. 귀주민족 민간자수에 사용되는 재료 및 가공법도 매우 다채롭다. 소소한 재료들을 자수에 사용하기도 하고 심지어 어떤 완제품 물건을 자수에 그대로 사용하기도 한다. 예를 들면, 금속제품(머리장식, 구리방울, 금속선, 스팽글), 작은 거울, 비즈, 깃털 등등이 있다. 귀주민족 민간자수는 매우 자유롭게 여러 가지 재료들을 활용하는데, 그중 가장 유명한 것은 바로 마미수, 석수, 피금수이다.

반수(盤繡)·마미수(馬尾繡)

석수(錫繡)

백금수(帛錦繡)

① 마미수(馬尾繡)

마미수는 기법상 전수(纏繡)의 일종으로, 수족(水族) 거주지역에서 매우 유행하는 자수기법이다. 먼저, 말의 꼬리털을 중심축으로 삼고 그 위에 초를 먹인 흰색 실을 나선형으로 꼬아 내려간다. 이렇게 다 감으면 마치 바이올린 현처럼 꼿꼿하게 되는데 이것을 마미사(馬尾絲)라고 한다. 이 마미사로 문양의 가장자리 부분을 도안의 윤곽에 따라 꿰맨다. 그 후 중간의 비어있는 부분은 타자수를 사용하여 문양 전체를 다 채운다. 마지막으로 비어있는 틈새부분에 스팽글을 단다.

② 석수(錫繡)

석수는 돌돌 말아놓은 납땜용 실납을 자수용 천 위에 십자수 형태로 눌러 고정시키고 사이사이에 빨간색과 파란색으로 작은 꽃무늬를 배치하는 것이다. 검은 바탕에 수놓은 은색 꽃은 눈에 확 들어온다. 무늬는 주로 '만(萬)'자 혹은 '수(壽)'자를 사용하며 일반적으로 옷의 등이나 허리 앞뒤 장식에 쓰인다. 주로 검하현(劍河縣)의 만천성(滿天星)과 고구(高丘) 지역 일대에 전해지고 있다. 태강현 혁동(革東)과 시동(施洞) 지역에서는 소매나 치마의 허리에, 개리시 주계 지역에서는 소매나 옷깃에 주석 조각을 상감(象嵌)처리하는 습관이 있다. 그러나 검하현 고구 지역처럼 석수를 복식의 주요 도안으로 사용하는 것과는 다르다.

③ 피금수(皮金繡)

피금수는 사실 금은수(金銀繡)를 가리킨다. 금속 실을 사용하거나, 금속으로 된 가는 철사와 실을 같이 사용하는 것이다. 어떤 것은 얇은 금속박을 도안의 테두리로 쓴다. 현재는 인테리어용 알루미늄 호일로 포장하거나 금속박 대신에 금속 선으로 대체한다. 도안의 구성은 매우 화려하게 한다. 귀주 지역 중 주로 여종용 일대에 생활하는 묘족 중 융수(融水)지파와 일부 동족(侗族) 사이에 이 기법이 유행한다.

이 밖에 단선수(單線繡), 백금수[帛錦繡, 망수(網繡)], 정수(釘繡), 도침수(跳針繡) 등 여러 가지 자수기법이 있으나 지면이 부족해 자세히 설명하지는 않겠다.

3) 귀주민족 민간자수의 유형별 자수기법

① 청수강형(淸水江型) 자수

㉠ 청수강형 시동식(施洞式) 묘수(苗繡): 바탕천으로 자흑색 광택 천을 주로 사용한다. 거기에 소량의 적색과 남색 실크를 사용한다. 전지(剪紙)로 밑그림을 만들고 쇄수(銹繡), 평수(平繡), 첩수(疊繡), 석수(錫繡)를 주로 사용한다.

ⓛ 청수강형 서강태공식(西江台拱式) 묘수(苗繡): 바탕천으로 자흑색 광택 천과 적색, 남색, 녹색의 실크, 면직물 그리고 니트를 사용한다. 전지(剪紙)로 밑그림을 만들고 변수(辮繡), 추수(縐繡), 차침수(岔針繡), 포첩수(布貼繡), 평수, 금상첨화수(錦上添花繡)를 주로 사용한다.

ⓒ 청수강형 기타 양식 자수: 혁일묘수(革一苗繡)는 바탕천으로 자흑색 광택 천에 전수(纏繡), 타자수(打籽繡), 첩수, 쇄수를 주로 사용한다. 황평묘수(黃平苗繡)는 바탕천으로 금속성 광택이 있는 천을 사용하며, 주로 쇄수, 수사수(數紗繡) 그리고 평수를 결합하여 사용한다. 혁가자수(僙家刺繡)는 바탕천으로 자흑색 광택 천과 검푸른 빛의 수제 면직물을 사용한다. 주로 쇄수와 평수를 결합하여 사용하고 거기에 날염을 한 천 조각을 덧대어 곁들이기도 한다. 고구묘수(高丘苗繡)는 바탕천으로 자흑색 광택 천과 검푸른 색의 수제 면직물을 사용하며, 주로 석수(錫繡)를 사용한다.

② 도류강형(都柳江型) 자수

㉠ 도류강형 여종용식(黎從榕式) 동수(侗繡): 은조(銀朝) 지역의 노생복(蘆笙服)은 바탕천으로 여러 가지 색깔의 면직물, 니트, 비단을 사용한다. 전지(剪紙)로 밑그림을 만들고 평수, 포첩수, 쇄수, 연물수(連物繡)를 주로 사용한다. 구조(九潮) 지역의 월량복(月亮服)은 바탕천으로 자흑색 광택 천에 철도의 침목처럼 옷의 올을 배열한 다음 쇄수, 평수, 포첩수, 연물수를 사용하여 덧댄다. 이 지역 동족(侗族) 여성의 예복은 여평현(黎平縣) 상중향(尙重鄕)과 용강현(榕江縣) 만채향(挽寨鄕) 동족 여성의 예복으로 바탕천은 자흑색 광택 천을 사용하고, 전수와 타자수를 주로 사용한다.

㉡ 도류강형 단도식(丹都式) 묘수(苗繡): 흑령묘자수(黑領苗刺繡)는 바탕천으로 누에 견사와 자흑색 광택 천 그리고 백색, 적색, 남색, 녹색 실크 및 면직물을 사용하며 주로 평수, 수사수, 연물수, 포첩수를 사용한다. 팔채묘자수(八寨苗刺繡)는 바탕천으로 자흑색 광택 천, 여러 가지 색깔의 실크, 면직물 그리고 니트를 사용하며 주로 포첩수, 타자수, 평수, 쇄수, 수사수를 사용한다.

㉢ 도류강형 기타 양식 자수: 여종용(黎從榕)의 융수식(融水式) 묘수(苗繡)는 바탕천으로 자흑색 광택 천을 주로 사용하고 여러 가지 색깔의 실크를 곁들인다. 피금수(皮金繡), 평수, 타수(打繡), 포첩수, 수사수, 연물수, 보침수(補針繡)를 주로 사용한다. 수족자수(水族刺繡)는 바탕천으로 자흑색의 광택 천

변수(辮繡)에 쓰는 팔고대(八股帶)를 짜고 있다[태강현(台江縣) 태공(台拱)].

예복에 자수를 놓는 묘족 모녀[뇌산현(雷山縣)]

명절날 자신이 수놓은 예복을 뽐내는 묘족 여성 [검하현(劍河縣)]

을 주로 사용하고, 거기에 여러 가지 색깔의 실크를 곁들여 사용한다. 침법은 마미수(馬尾繡)를 주로 사용하며, 거기에 평수, 수사수를 곁들이고, 거기에 비즈를 엮어 스팽글 방식으로 장식한다.

③ 귀주 지역 기타 자수

정풍묘수(貞豊苗繡)는 손으로 짠 청색 면직물과 자흑색 광택천을 바탕천으로 사용하며 주로 수사수를 쓴다. 육충하소화묘자수(六沖河小花苗刺繡)는 바탕천으로 여러 가지 색의 면직물을 사용하며 주로 수사수, 쇄수, 평수를 사용한다. 안보묘수(安普苗繡)는 바탕천으로 빨간색 면직물을 주로 사용하며 다른 색깔의 면직물과 견직물을 곁들인다. 주로 쇄수, 평수, 수사수를 사용한다. 위녕묘수(威寧苗繡)는 바탕천으로 흰색 삼베를 쓰고 포첩수와 털실을 사용한 평수를 주로 사용한다. 상서검동묘수(湘西黔東苗繡)는 바탕천으로 여러 가지 색깔의 면직물과 견직물을 사용한다. 천에 직접 밑그림을 그리며 포첩수, 평수, 차침수를 주로 사용한다. 토가족자수(土家族刺繡)는 바탕천으로, 검푸른 색, 파란색, 흰색 면직물을 사용한다. 천에 직접 밑그림을 그리고 수사수, 평수를 주로 사용한다. 둔보인자수(屯保人刺繡)는 바탕천으로 여러 가지 색깔의 실크를 사용하고 타자수, 전수, 쇄수, 정선수(釘線繡), 평수를 주로 사용한다.

*본문의 사진은 류옹(劉雍), 장세신(張世申), 증헌양(曾憲陽), 노헌의(盧憲義) 그리고 프랑스인 필립이 촬영했다.

목차

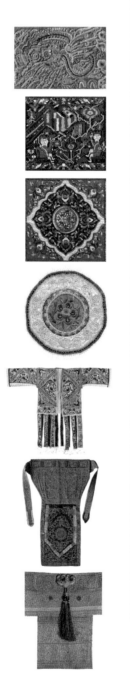

청

수

강

형

자

수

묘족 노자매(老姉妹)[태강(台江)]

새 예복을 입은 묘족 소녀들[뇌산(雷山)]

오래된 산채

정교한 묘수(苗繡)

난간에 기댄 묘족 여인

고개를 돌린 묘족 여인

화려하게 차려입은 묘족 소녀들

한창 때 자수 시합을 했던 할머니

엄마의 소망을 가득 담은 배선(背扇)의 자수

경기장으로 가는 어린 자매

서강식(西江式) 묘수(苗繡)

묘족(苗族)자수 소매장식(좌측)
29×26.5cm
자수기법: 추수(縐繡)
문양: 용, 꽃

검동남(黔東南) 뇌산(雷山)

묘족(苗族)자수 소매장식(상)
28.5×25.5cm
자수기법: 쇄수(鎖繡)
문양: 봉황, 새

검동남(黔東南) 뇌산(雷山)

묘족(苗族)자수 소매장식(하)
31.5×19.5cm
자수기법: 변수(辮繡)
문양: 새, 꽃, 열매

검동남(黔東南) 뇌산(雷山)

묘족(苗族)자수 소매장식(상)　　　묘족(苗族)자수 소매장식(중)　　　묘족(苗族)자수 소매장식(하)
자수기법: 쇄수(鎖繡)　　　　　　　29.5×14cm　　　　　　　　　　자수기법: 쇄수(鎖繡)
문양: 구자도(求子圖)　　　　　　　자수기법: 쇄수(鎖繡)　　　　　　문양: 꽃 속의 꽃
　　　　　　　　　　　　　　　　　문양: 어룡구자(魚龍求子)

검동남(黔東南) 뇌산(雷山)　　　　　　　　　　　　　　　　　　　검동남(黔東南) 뇌산(雷山)

　　　　　　　　　　　　　　　　　검동남(黔東南) 뇌산(雷山)

묘족(苗族)자수 소매장식(상)
30×28.5cm
자수기법: 쇄수(鎖繡)
문양: 쌍신룡(雙身龍)

검동남(黔東南) 뇌산(雷山)

묘족(苗族)자수 소매장식(하)
29×12cm
자수기법: 쇄수(鎖繡)
문양: 새 두 마리[雙鳥], 꽃, 나비

검동남(黔東南) 뇌산(雷山)

묘족(苗族)자수 소매장식
31×28.5cm
자수기법: 쇄수(鎖繡)
문양: 잠룡(蠶龍), 꽃, 열매, 동전

검동남(黔東南) 뇌산(雷山)

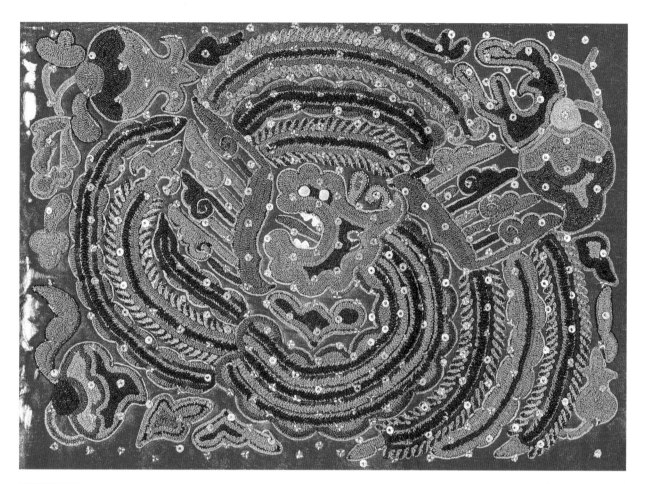

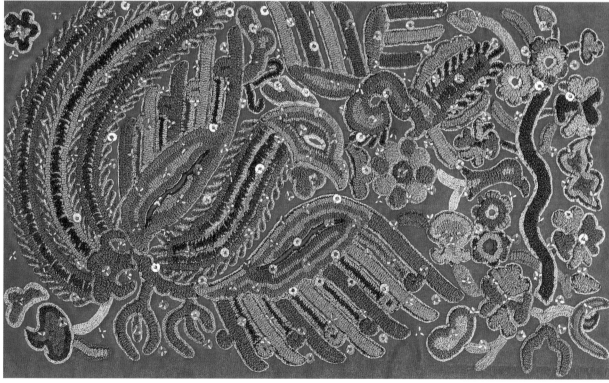

묘족(苗族)자수 소매장식(상)
35.5×25cm
자수기법: 추수(縐繡)
문양: 반룡(盤龍), 복숭아, 석류

검동남(黔東南) 뇌산(雷山)

묘족(苗族)자수 소매장식(하)
29.5×17.5cm
자수기법: 추수(縐繡)
문양: 봉황, 새

검동남(黔東南) 태강(台江)

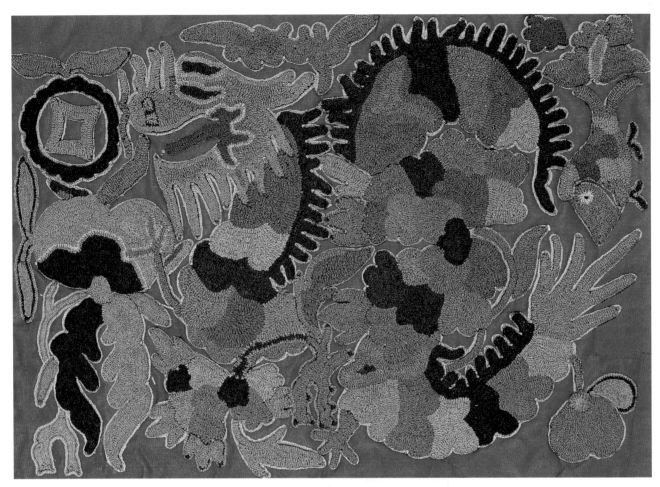

묘족(苗族)자수 소매장식
36×25cm
자수기법: 추수(縐繡)
문양: 용, 물고기, 꽃, 나비, 동전

검동남(黔東南) 뇌산(雷山)

묘족(苗族)자수 소매장식
38×35cm
자수기법: 추수(縐繡)
문양: 보물을 차지하려고 다투는 용과 봉황

검동남(黔東南) 뇌산(雷山)

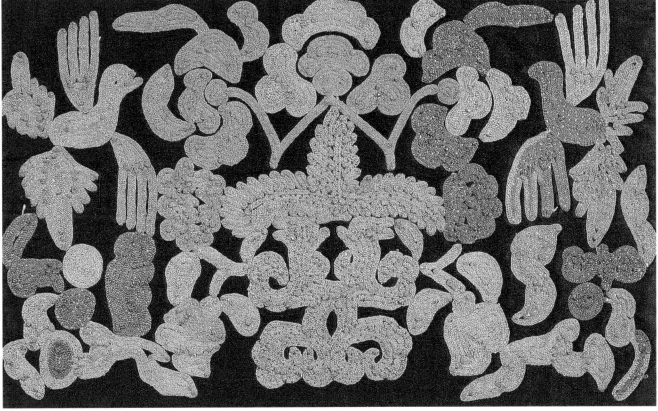

묘족(苗族)자수 소매장식(상)
29×17cm
자수기법: 쇄수(鎖繡)
문양: 모란을 가지고 노는 쌍룡(雙龍)

검동남(黔東南) 뇌산(雷山)

묘족(苗族)자수 소매장식(하)
87.5×17.4cm
자수기법: 변수(辮繡)
문양: 꽃, 잎, 비조(飛鳥)

검동남(黔東南) 뇌산(雷山)

묘족(苗族)자수 소매장식
28.5×30cm
자수기법: 추수(縐繡)
문양: 비룡(飛龍), 잠룡(蠶龍), 새

검동남(黔東南) 뇌산(雷山)

묘족(苗族)자수 소매장식
자수기법: 쇄수(鎖繡)
문양: 비룡(飛龍)

검동남(黔東南) 뇌산(雷山)

묘족(苗族)자수 소매장식
33.5×24cm
자수기법: 타자수(打籽繡)
문양: 나비 속의 꽃

검동남(黔東南) 뇌산(雷山)

묘족(苗族)자수 소매장식
30×22cm
자수기법: 추수(縐繡)
문양: 잠룡(蠶龍), 꽃, 새

검동남(黔東南) 뇌산(雷山)

묘족(苗族)자수 소매장식
29×12.5cm
자수기법: 쇄수(鎖繡)
문양: 사룡구자(四龍求子)

검동남(黔東南) 뇌산(雷山)

묘족(苗族)자수 소매장식
자수기법: 추수(縐繡)
문양: 비룡(飛龍), 꽃, 열매

검동남(黔東南) 뇌산(雷山)

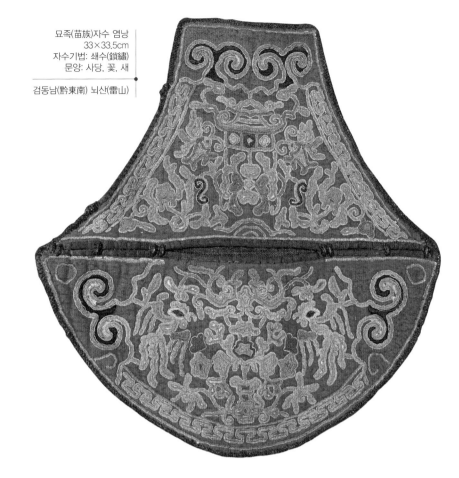

묘족(苗族)자수 염낭
33×33.5cm
자수기법: 쇄수(鎖繡)
문양: 사당, 꽃, 새

검동남(黔東南) 뇌산(雷山)

묘족(苗族)자수 소매장식
자수기법: 변수(辮繡)
문양: 반룡(盤龍), 나비, 꽃

검동남(黔東南) 뇌산(雷山)

묘족(苗族)자수 여자 상의
자수기법: 추수(縐繡)
문양: 반룡(盤龍), 꽃, 열매, 나비

검동남(黔東南) 뇌산(雷山)

묘족(苗族)자수 띠치마
자수기법: 차침수(岔針繡)
문양: 용, 봉황

검동남(黔東南) 뇌산(雷山)

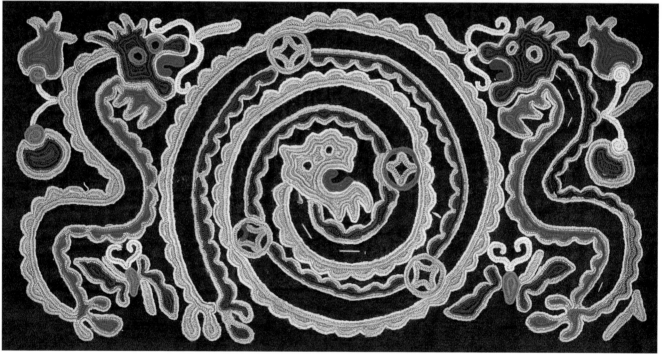

묘족(苗族)자수 소매장식(상)
31×17cm
자수기법: 쇄수(鎖繡)
문양: 나비 속의 꽃

검동남(黔東南) 뇌산(雷山)

묘족(苗族)자수 소매장식(하)
32×17cm
자수기법: 쇄수(鎖繡)
문양: 용

검동남(黔東南) 뇌산(雷山)

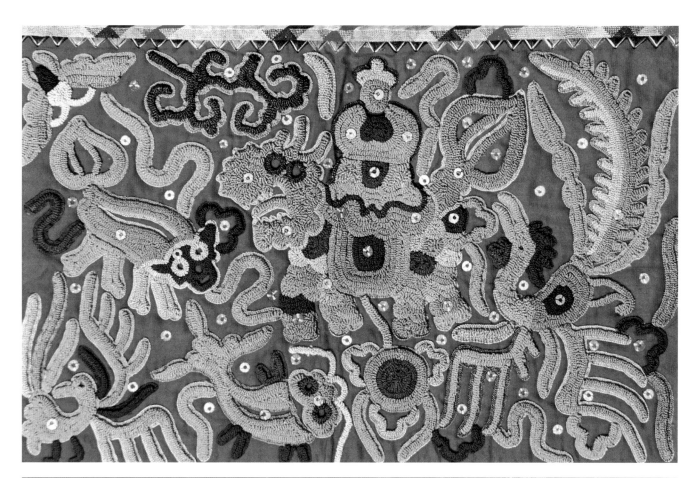

묘족(苗族)자수 소매장식(상)
자수기법: 추수(縐繡)
문양: 꽃, 물고기, 새, 기린을 탄 사람

검동남(黔東南) 뇌산(雷山)

묘족(苗族)자수 소매장식(하)
자수기법: 추수(縐繡)
문양: 보물을 가지고 노는 기린

검동남(黔東南) 뇌산(雷山)

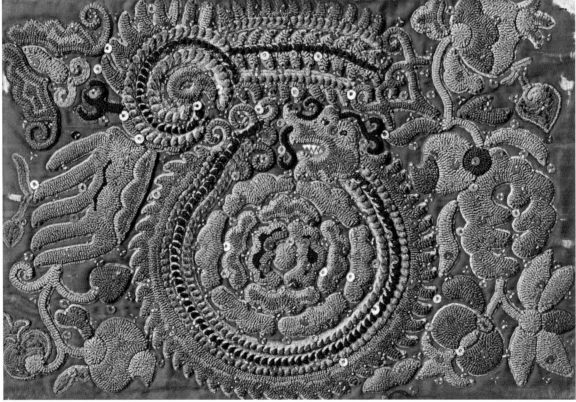

묘족(苗族)자수 소매장식(상)
자수기법: 추수(縐繡)
문양: 꽃을 가지고 노는 용

검동남(黔東南) 뇌산(雷山)

묘족(苗族)자수 소매장식(하)
자수기법: 추수(縐繡)
문양: 잠룡(蠶龍), 꽃, 용

검동남(黔東南) 뇌산(雷山)

묘족(苗族)자수 소매장식(상)
자수기법: 추수(綯繡)
문양: 꽃을 가지고 노는 두 마리 용

검동남(黔東南) 뇌산(雷山)

묘족(苗族)자수 소매장식(하)
자수기법: 추수(綯繡)
문양: 비룡(飛龍)

검동남(黔東南) 뇌산(雷山)

묘족(苗族)자수 소매장식
자수기법: 추수(縐繡)
문양: 비룡(飛龍)

검동남(黔東南) 뇌산(雷山)

묘족(苗族)자수 소매장식(상)
자수기법: 추수(縐繡)
문양: 반룡(盤龍)

검동남(黔東南) 뇌산(雷山)

묘족(苗族)자수 소매장식(하)
자수기법: 평수(平繡)
문양: 꽃을 가지고 노는 새 두 마리

검동남(黔東南) 뇌산(雷山)

묘족(苗族)자수 앞치마[圍腰]
72.5×61.5cm
자수기법: 차침수(岔針繡)
문양: 용, 봉황, 모란

검동남(黔東南) 태강(台江)

• 110 •

묘족(苗族)자수 소매장식(상)
28×20cm
자수기법: 변수(辮繡)
문양: 석류, 불수감(佛手柑), 꽃, 잎

검동남(黔東南) 태강(台江)

묘족(苗族)자수 소매장식(하)
31×22cm
자수기법: 변수(辮繡)
문양: 새, 모란, 복숭아, 석류

검동남(黔東南) 태강(台江)

묘족(苗族)자수 소매장식(상)
29.5×16cm
자수기법: 쇄수(鎖繡)
문양: 새, 나비, 꽃, 열매

검동남(黔東南) 태강(台江)

묘족(苗族)자수 소매장식(하)
35×26.5cm
자수기법: 변수(辮繡)
문양: 보석을 가지고 노는 반룡(盤龍)

검동남(黔東南) 태강(台江)

묘족(苗族)자수 소매장식(상)
33.5×24cm
자수기법: 추수(縐繡)
문양: 물고기, 용, 꽃, 열매

검동남(黔東南) 태강(台江)

묘족(苗族)자수 소매장식(하)
자수기법: 쇄수(鎖繡)
문양: 구자도(求子圖)

검동남(黔東南) 태강(台江)

묘족(苗族)자수 소매장식(상)
31×23.5cm
자수기법: 평수(平繡)
문양: 나비 속의 용, 사당

검동남(黔東南) 태강(台江)

묘족(苗族)자수 소매장식(중)
19×16cm
자수기법: 쇄수(鎖繡)
문양: 이룡구자도(二龍求子圖)

검동남(黔東南) 태강(台江)

묘족(苗族)자수 소매장식(하)
19×16cm
자수기법: 변수(辮繡)
문양: 모란을 가지고 노는 새 두 마리

검동남(黔東南) 태강(台江)

묘족(苗族)자수 소매장식
25×15.4cm
자수기법: 변수(辮繡)
문양: 봉황, 꽃

검동남(黔東南) 태강(台江)

묘족(苗族)자수 소매장식
27×16.7cm
자수기법: 쇄수(鎖繡)
문양: 수탉, 나비

검동남(黔東南) 태강(台江)

묘족(苗族)자수 소매장식
30.7×16.5cm
자수기법: 변수(辮繡)
문양: 쌍두룡(雙頭龍)

검동남(黔東南) 태강(台江)

묘족(苗族)자수 소매장식(상)
28.5×12.5cm
자수기법: 평수(平繡)
문양: 꽃을 가지고 노는 새 두 마리

검동남(黔東南) 태강(台江)

묘족(苗族)자수 소매장식(중)
32×15cm
자수기법: 평수(平繡)
문양: 영객도(迎客图)

검동남(黔東南) 태강(台江)

묘족(苗族)자수 소매장식(하)
31.5×13cm
자수기법: 쇄수(鎖繡)
문양: 구자도(求子圖)

검동남(黔東南) 태강(台江)

묘족(苗族)자수 배선(背扇)
자수기법: 차침수(岔針繡), 백금수(帛錦繡)
문양: 용, 봉황, 물고기, 나비, 화분

검동남(黔東南) 태강(台江)

묘족(苗族)자수 소매장식
29.5×16.5cm
자수기법: 평수(平繡)
문양: 꽃 속의 꽃

검동남(黔東南) 태강(台江)

묘족(苗族)자수 소매장식
31×16cm
자수기법: 쇄수(鎖繡)
문양: 새

검동남(黔東南) 태강(台江)

묘족(苗族)자수 소매장식
28×17.5cm
자수기법: 평수(平繡)
문양: 비룡(飛龍), 꽃, 새, 나비

검동남(黔東南) 태강(台江)

묘족(苗族)자수 소매장식
25×15.4cm
자수기법: 추수(縐繡)
문양: 잠룡(蠶龍), 꽃, 새

검동남(黔東南) 태강(台江)

묘족(苗族)자수 소매장식
30.5×20cm
자수기법: 변수(辮繡)
문양: 수탉, 복숭아, 석류

검동남(黔東南) 태강(台江)

묘족(苗族)자수 소매장식
32×16.5cm
자수기법: 쇄수(鎖繡)
문양: 쌍신룡(雙身龍)

검동남(黔東南) 태강(台江)

묘족(苗族)자수 소매장식
자수기법: 추수(縐繡)
문양: 꽃을 감상하는 새 두 마리

검동남(黔東南) 태강(台江)

묘족(苗族)자수 소매장식(1세트)
32×18cm
자수기법: 변수(辮繡)
문양: 꽃, 새, 갈고리구름

검동남(黔東南) 태강(台江)

묘족(苗族)자수 소매장식(1세트)
18×32cm
자수기법: 쇄수(鎖繡)
문양: 연밥, 봉황, 복숭아

검동남(黔東南) 태강(台江)

묘족(苗族)자수 소매장식(하)
34×25cm
자수기법: 변수(辮繡), 추수(綯繡)
문양: 꽃을 가지고 노는 용 두 마리

검동남(黔東南) 태강(台江)

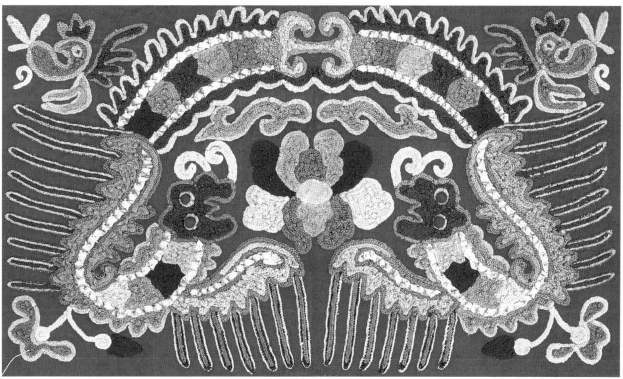

묘족(苗族)자수 소매장식(상)
27.5×13cm
자수기법: 평수(平繡)
문양: 사당, 인물, 용, 새

검동남(黔東南) 태강(台江)

묘족(苗族)자수 소매장식(중)
34.5×19cm
자수기법: 쇄수(鎖繡)
문양: 쌍신룡(雙身龍)

검동남(黔東南) 태강(台江)

묘족(苗族)자수 소매장식(하)
31.5×13.5cm
자수기법: 평수(平繡)
문양: 쌍봉구자도(雙鳳求子圖)

검동남(黔東南) 태강(台江)

묘족(苗族)자수 소매장식(상)
30.4×16cm
자수기법: 쇄수(鎖繡)
문양: 나비 속의 꽃

검동남(黔東南) 태강(台江)

묘족(苗族)자수 소매장식(중)
28.6×12cm
자수기법: 평수(平繡)
문양: 구자도(求子圖), 새, 나비

검동남(黔東南) 태강(台江)

묘족(苗族)자수 소매장식(하)
32×16cm
자수기법: 추수(縐繡)
문양: 꽃 속의 꽃

검동남(黔東南) 태강(台江)

묘족(苗族)자수 소매장식
자수기법: 변수(辮繡)
문양: 용, 꽃, 열매

검동남(黔東南) 태강(台江)

묘족(苗族)자수 소매장식
27×31cm
자수기법: 추수(縐繡)
문양: 쌍두룡(雙頭龍)

검동남(黔東南) 태강(台江)

묘족(苗族)자수 소매장식
33×32cm
자수기법: 추수(縐繡), 포첩수(布貼繡)
문양: 물고기

검동남(黔東南) 태강(台江)

묘족(苗族)자수 소매장식(상)
25×32cm
자수기법: 차침수(岔針繡)
문양: 일곱 고리 속의 꽃

검동남(黔東南) 태강(台江)

묘족(苗族)자수 소매장식(하)
22×35cm
자수기법: 차침수(岔針繡)
문양: 용, 새, 꽃

검동남(黔東南) 태강(台江)

묘족(苗族)자수 소매장식
31×31cm
자수기법: 추수(縐繡)
문양: 기린

검동남(黔東南) 태강(台江)

묘족(苗族)자수 소매장식
27×33cm
자수기법: 추수(縐繡)
문양: 봉황 두 마리, 반룡(盤龍), 꽃사슴

검동남(黔東南) 태강(台江)

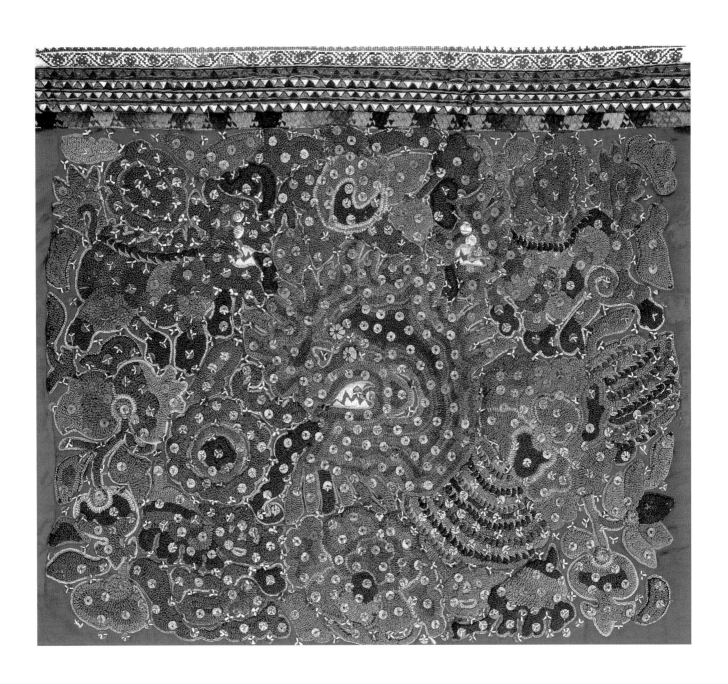

묘족(苗族)자수 소매장식
30×38cm
자수기법: 추수(綢繡)
문양: 반룡(盤龍)

검동남(黔東南) 태강(台江)

묘족(苗族)자수 소매장식
32×25cm
자수기법: 쇄수(鎖繡)
문양: 사당, 나비, 꽃, 열매

검동남(黔東南) 태강(台江)

묘족(苗族)자수 소매장식
33.5×22.5cm
자수기법: 추수(縐繡)
문양: 반룡(盤龍)

검동남(黔東南) 태강(台江)

묘족(苗族)자수 소매장식
22×36cm
자수기법: 쇄수(鎖繡)
문양: 반룡(盤龍), 석류

검동남(黔東南) 태강(台江)

묘족(苗族)자수 소매장식
32×16cm
자수기법: 평수(平繡)
문양: 사당, 봉황, 꽃, 나비

검동남(黔東南) 태강(台江)

묘족(苗族)자수 소매장식(상)
34×20cm
자수기법: 변수(辮繡)
문양: 화분에 심은 꽃, 새

검동남(黔東南) 태강(台江)

묘족(苗族)자수 소매장식(하)
30×19.5cm
자수기법: 변수(辮繡)
문양: 꽃 속의 꽃, 선도(仙桃), 조롱박

검동남(黔東南) 태강(台江)

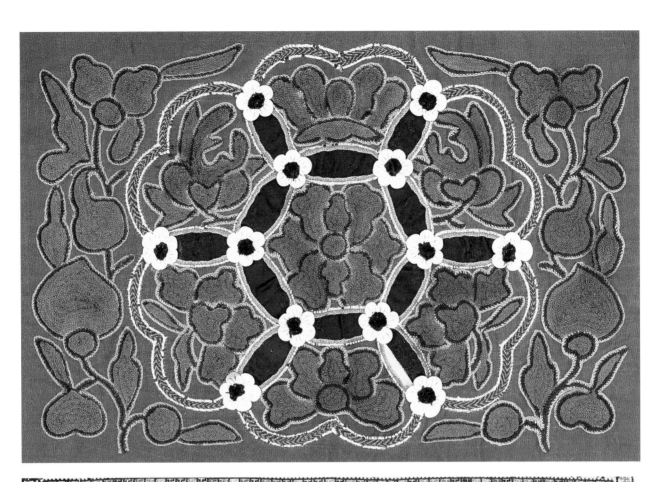

묘족(苗族)자수 소매장식(상)
33×23cm
자수기법: 변수(辮繡)
문양: 일곱 고리 속의 꽃

검동남(黔東南) 태강(台江)

묘족(苗族)자수 소매장식(하)
34×22cm
자수기법: 쇄수(鎖繡)
문양: 일곱 고리 속의 꽃, 사당

검동남(黔東南) 태강(台江)

묘족(苗族)자수 소매장식(상)
32×27cm
자수기법: 추수(縐繡)
문양: 나비 속의 용

검동남(黔東南) 태강(台江)

묘족(苗族)자수 소매장식(하)
34×18cm
자수기법: 쇄수(鎖繡)
문양: 알을 까는 용 두 마리

검동남(黔東南) 태강(台江)

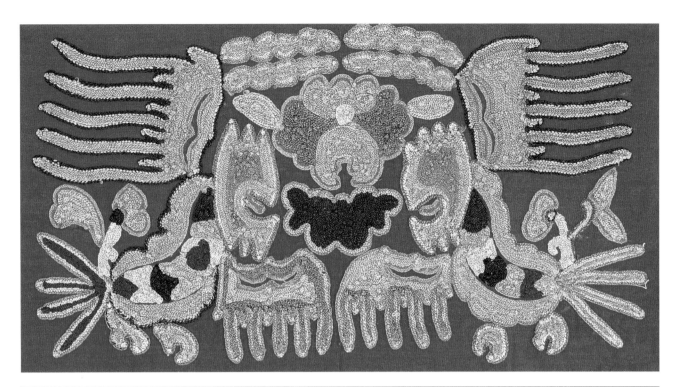

묘족(苗族)자수 소매장식(상)
35×18cm
자수기법: 변수(辮繡)
문양: 꽃을 감상하는 계룡(雞龍)

검동남(黔東南) 태강(台江)

묘족(苗族)자수 소매장식(하)
33×23cm
자수기법: 추수(綯繡)
문양: 보물을 가지고 노는 용, 나비, 꽃

검동남(黔東南) 태강(台江)

묘족(苗族)자수 소매장식
33×31cm
자수기법: 추수(綯繡)
문양: 쌍신룡(雙身龍)

검동남(黔東南) 태강(台江)

묘족(苗族)자수 소매장식
자수기법: 추수(綯繡)
문양: 쌍두룡(雙頭龍)

검동남(黔東南) 태강(台江)

묘족(苗族)자수 소매장식(상)
35.5×28.5cm
자수기법: 평수(平繡), 차침수(岔針繡)
문양: 구슬을 가지고 노는 용

검동남(黔東南) 태강(台江)

묘족(苗族)자수 소매장식(하)
32×18cm
자수기법: 추수(縐繡)
문양: 연밥, 봉황, 복숭아

검동남(黔東南) 태강(台江)

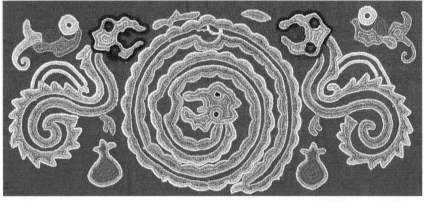

묘족(苗族)자수 소매장식(상)
30×24cm
자수기법: 쇄수(鎖繡)
문양: 비룡(飛龍)

검동남(黔東南) 태강(台江)

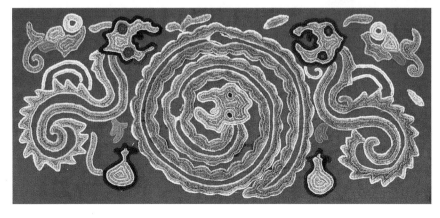

묘족(苗族)자수 소매장식(1세트)
자수기법: 쇄수(鎖繡)
문양: 용 세 마리

검동남(黔東南) 태강(台江)

묘족(苗族)자수 소매장식(상)
33×24cm
자수기법: 추수(縐繡)
문양: 보물을 가지고 노는 용과 봉황

검동남(黔東南) 태강(台江)

묘족(苗族)자수 소매장식(하)
30×18cm
자수기법: 쇄수(鎖繡)
문양: 용, 봉황, 모란

검동남(黔東南) 태강(台江)

묘족(苗族)자수 소매장식(상)
32×20cm
자수기법: 쇄수(鎖繡)
문양: 아들을 맞이하는 용 세 마리

검동남(黔東南) 태강(台江)

묘족(苗族)자수 소매장식(하)
33×23cm
자수기법: 쇄수(鎖繡)
문양: 아들을 맞이하는 용 두 마리

검동남(黔東南) 태강(台江)

묘족(苗族)자수 소매장식
33×33cm
자수기법: 추수(綯繡)
문양: 용 다섯 마리

검동남(黔東南) 태강(台江)

묘족(苗族)자수 소매장식(상)
32×21cm
자수기법: 쇄수(鎖繡)
문양: 일곱 고리 속의 구자도(求子圖)

검동남(黔東南) 태강(台江)

묘족(苗族)자수 소매장식(하)
32×20cm
자수기법: 평수(平繡)
문양: 꽃 속의 꽃

검동남(黔東南) 태강(台江)

묘족(苗族)자수 앞치마[圍腰]
자수기법: 차침수(岔針繡)
문양: 용, 새, 꽃, 나비, 사자

검동남(黔東南) 태산(台山)

묘족(苗族)자수 소매장식(상)
자수기법: 차침수(岔針繡)
문양: 기린

검동남(黔東南) 태강(台江)

묘족(苗族)자수 소매장식(하)
33.5×23cm
자수기법: 백금수(帛錦繡)
문양: 용, 봉황, 꽃, 열매

검동남(黔東南) 태강(台江)

묘족(苗族)자수 옷깃
자수기법: 변수(辮繡)
문양: 꽃, 새, 나비

검동남(黔東南) 태강(台江)

묘족(苗族)자수 앞치마[圍腰]
67×32cm
자수기법: 차침수(岔針繡)
문양: 꽃, 열매, 동물

검동남(黔東南) 태강(台江)

묘족(苗族)자수 앞치마[圍腰]
자수기법: 차침수(岔針繡)
문양: 용, 고양이, 화병

검동남(黔東南) 태강(台江)

묘족(苗族)자수 소매장식(상)
자수기법: 차침수(岔針繡), 평수(平繡)
문양: 기린

검동남(黔東南) 태강(台江)

묘족(苗族)자수 소매장식(하)
19×32cm
자수기법: 차침수(岔針繡), 평수(平繡)
문양: 꽃, 새

검동남(黔東南) 태강(台江)

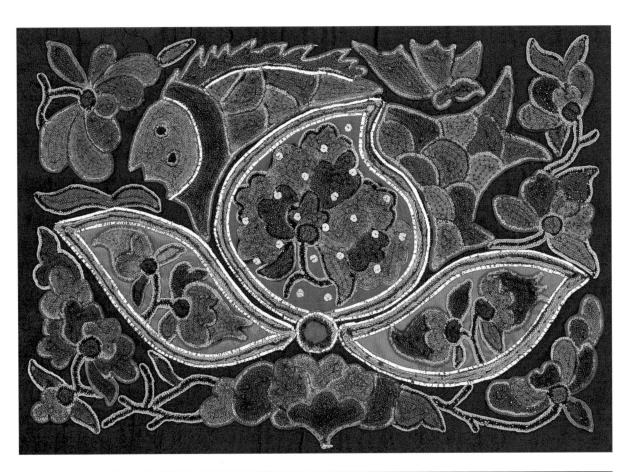

묘족(苗族)자수 소매장식(상)
34×24cm
자수기법: 변수(辮繡)
문양: 선도(仙桃), 잉어, 꽃

검동남(黔東南) 개리(凱里)

묘족(苗族)자수 소매장식(하)
34×24cm
자수기법: 변수(辮繡)
문양: 비룡(飛龍)

검동남(黔東南) 개리(凱里)

묘족(苗族)자수 소매장식(상)
33×19cm
자수기법: 차침수(岔針繡)
문양: 모란을 입은 봉황

검동남(黔東南) 개리(凱里)

묘족(苗族)자수 소매장식(하)
30×28cm
자수기법: 차침수(岔針繡)
문양: 쌍신룡(雙身龍)

검동남(黔東南) 개리(凱里)

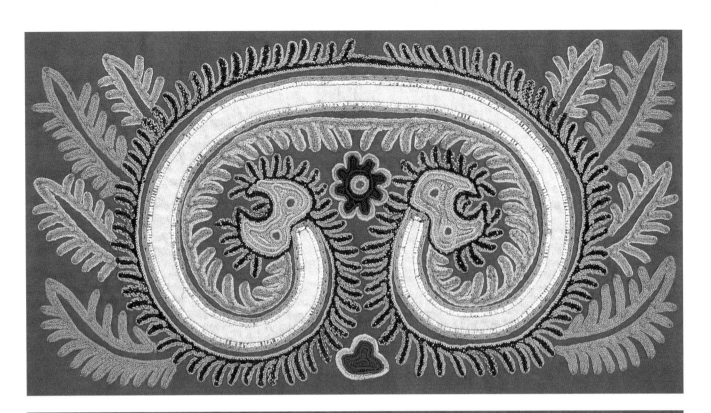

묘족(苗族)자수 소매장식(상)
32×19cm
자수기법: 변수(辮繡)
문양: 쌍두룡(雙頭龍)

검동남(黔東南) 개리(凱里)

묘족(苗族)자수 소매장식(하)
23×31cm
자수기법: 변수(辮繡)
문양: 절지화(折枝花), 새, 나비

검동남(黔東南) 개리(凱里)

묘족(苗族)자수 소매장식(상)
32×21cm
자수기법: 추수(縐繡)
문양: 보물을 가지고 노는 용과 봉황

● 검동남(黔東南) 개리(凱里)

묘족(苗族)자수 소매장식(하)
31×21cm
자수기법: 변수(辮繡)
문양: 용, 봉황, 꽃, 열매

● 검동남(黔東南) 개리(凱里)

묘족(苗族)자수 소매장식
31×27cm
자수기법: 추수(綢繡)
문양: 기린

검동남(黔東南) 개리(凱里)

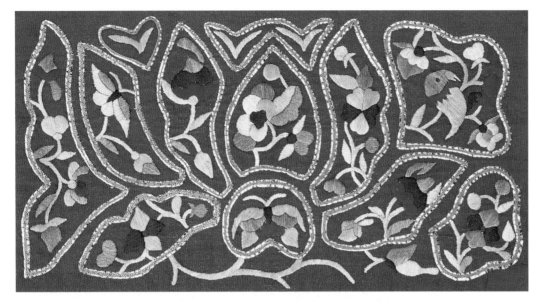

묘족(苗族)자수 소매장식
17×33cm
자수기법: 평수(平繡)
문양: 나비 속의 꽃

검동남(黔東南) 개리(凱里)

묘족(苗族)자수 소매장식
18×29cm
자수기법: 추수(縐繡)
문양: 꽃, 열매, 나비

검동남(黔東南) 개리(凱里)

묘족(苗族)자수 소매장식
31×21cm
자수기법: 추수(縐繡)
문양: 용, 봉황, 꽃, 열매

검동남(黔東南) 개리(凱里)

묘족(苗族)자수 소매장식(상)
자수기법: 변수(辮繡)
문양: 나비, 꽃, 새

검동남(黔東南) 개리(凱里)

묘족(苗族)자수 소매장식(하)
30×27cm
자수기법: 추수(縐繡)
문양: 쌍신룡(雙身龍)

검동남(黔東南) 개리(凱里)

묘족(苗族)자수 소매장식
16×32cm
자수기법: 평수(平繡)
문양: 꽃, 새, 나비

검동남(黔東南) 개리(凱里)

묘족(苗族)자수 소매장식
32×17cm
자수기법: 추수(綯繡)
문양: 용

검동남(黔東南) 개리(凱里)

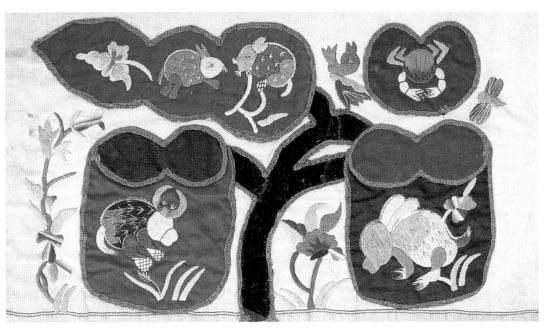

묘족(苗族)자수 소매장식
자수기법: 포첩수(布貼繡)
문양: 나무, 동물

검동남(黔東南) 개리(凱里)

묘족(苗族)자수 소매장식
33×33cm
자수기법: 추수(縐繡)
문양: 보물로 모이는 용 다섯 마리

검동남(黔東南) 개리(凱里)

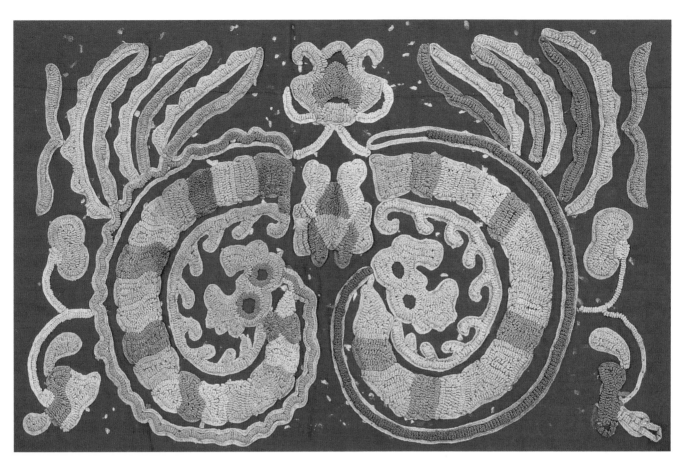

묘족(苗族)자수 소매장식(상)
35×20cm
자수기법: 추수(縐繡)
문양: 쌍두룡(雙頭龍)

검동남(黔東南) 개리(凱里)

묘족(苗族)자수 소매장식(하)
31×18.5cm
자수기법: 쇄수(鎖繡)
문양: 반룡(盤龍)

검동남(黔東南) 개리(凱里)

묘족(苗族)자수 소매장식(상)
19×31cm
자수기법: 추수(綯繡)
문양: 석류, 불수감(佛手柑), 복숭아

검동남(黔東南) 개리(凱里)

묘족(苗族)자수 소매장식(하)
24×33cm
자수기법: 추수(綯繡)
문양: 까치, 꽃, 열매

검동남(黔東南) 개리(凱里)

묘족(苗族)자수 소매장식(상)
31×17cm
자수기법: 쇄수(鎖繡)
문양: 비룡(飛龍), 새

검동남(黔東南) 개리(凱里)

묘족(苗族)자수 소매장식(하)
29×18cm
자수기법: 추수(縐繡)
문양: 꽃, 새, 석류

검동남(黔東南) 개리(凱里)

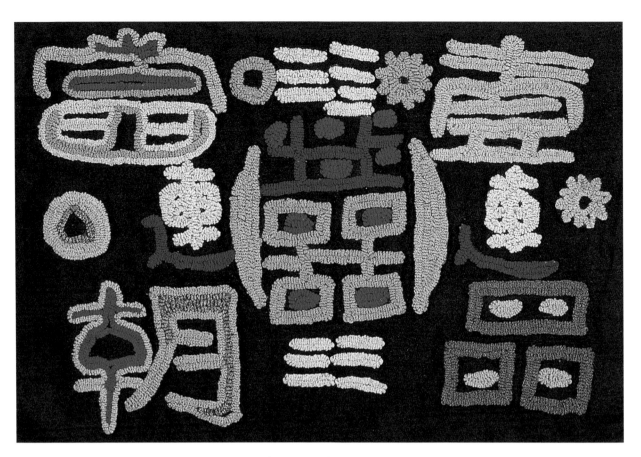

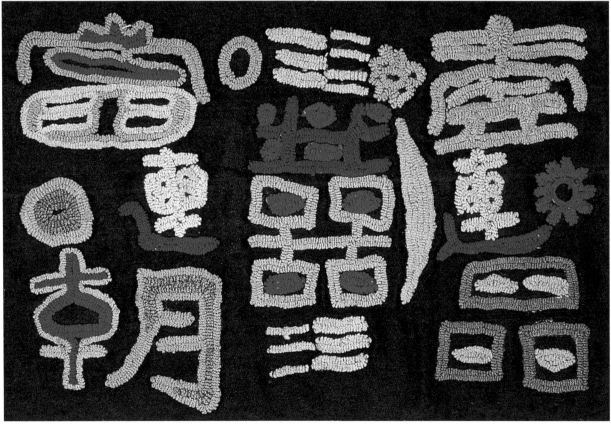

묘족(苗族)자수 소매장식(1세트)
자수기법: 추수(縐繡)
문양: 문자

검동남(黔東南) 개리(凱里)

시동식 (施洞式) 묘수 (苗繡)

묘족(苗族)자수 소매장식(상)
30×23.5cm
자수기법: 부선수(剖線繡)
문양: 물소

검동남(黔東南) 태강(台江)

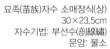

묘족(苗族)자수 소매장식(하)
28×30cm
자수기법: 부선수(剖線繡), 쇄수(鎖繡)
문양: 곡식 씨앗을 구해 온 개, 용선절(龍船節) 전설

검동남(黔東南) 태강(台江)

묘족(苗族)자수 소매장식(좌측)
26.5×23.5cm
자수기법: 부선수(剖線繡), 수사수(數紗繡)
문양: 이로(理老), 꽃, 새

검동남(黔東南) 태강(台江)

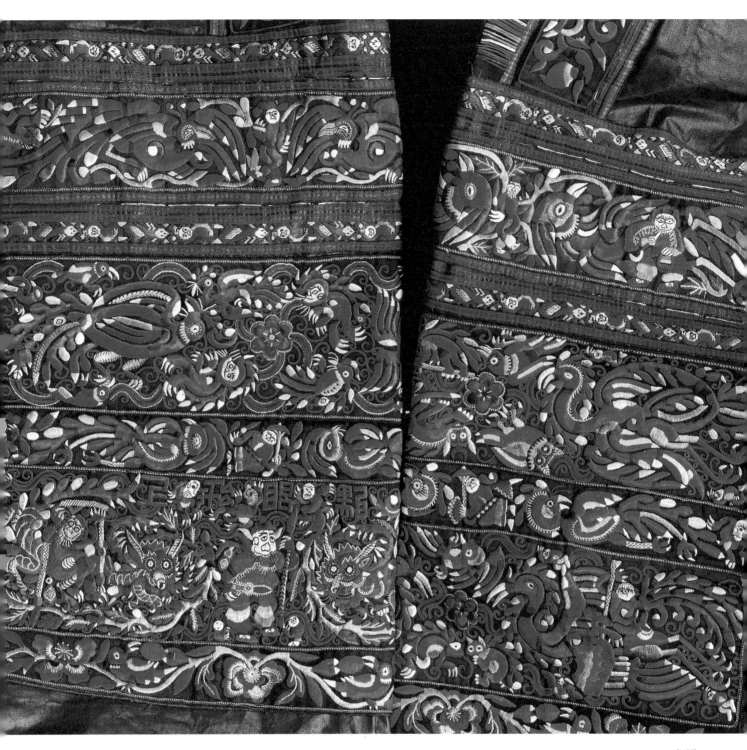

(부분)

묘족(苗族)자수 상의(좌측)
자수기법: 부선수(刳線繡)
문양: 묘족신화

검동남(黔東南) 태강(台江)

• 165 •

(부분)

묘족(苗族)자수 상의(좌측)
자수기법: 부선수(剖線繡), 쇄수(鎖繡), 백금수(帛錦繡)
문양: 새, 나비

검동남(黔東南) 태강(台江)

묘족(苗族)자수 아동복(좌측)
59×90cm
자수기법: 부선수(剖線繡), 쇄수(鎖繡)
문양: 용, 새, 나방, 태양

검동남(黔東南) 태강(台江)

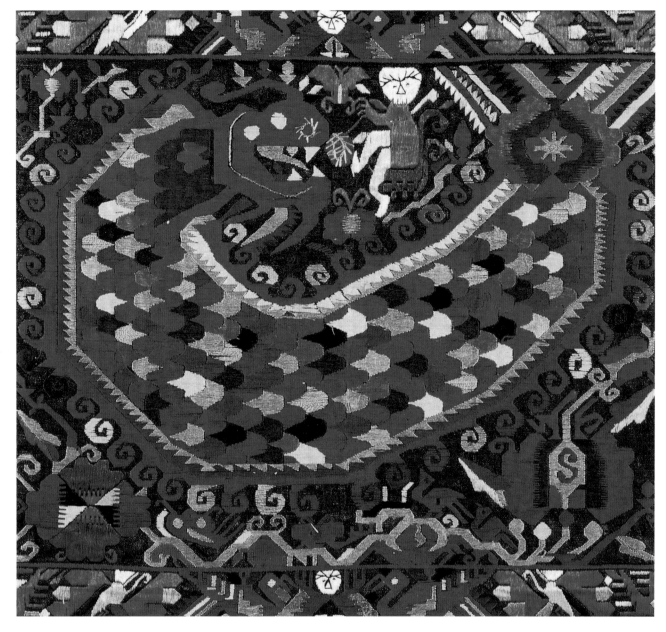

묘족(苗族)자수 소매장식(상)	묘족(苗族)자수 소매장식(좌측 하)	묘족(苗族)자수 소매장식(우측 하)
26×24cm	32×22cm	31×24cm
자수기법: 평수(平繡), 수사수(數紗繡)	자수기법: 쇄수(鎖繡), 부선수(剖線繡)	자수기법: 평수(平繡)
문양: 용선절(龍船節) 전설	문양: 용선절(龍船節) 전설	문양: 여자 영웅 무무식(務茂媳)
검동남(黔東南) 태강(台江)	검동남(黔東南) 태강(台江)	검동남(黔東南) 태강(台江)

묘족(苗族)자수 소매장식
자수기법: 부선수(剖線繡)
문양: 구자도(求子圖)

검동남(黔東南) 태강(台江)

묘족(苗族)자수 소매장식
자수기법: 부선수(剖線繡)
문양: 뇌공(雷公), 휴뉴(貅狃), 양룡(羊龍)

검동남(黔東南) 태강(台江)

묘족(苗族)자수 소매장식
30×27.5cm
자수기법: 부선수(剖線繡), 쇄수(鎖繡)
문양: 고장절(鼓藏節) 전설

검동남(黔東南) 태강(台江)

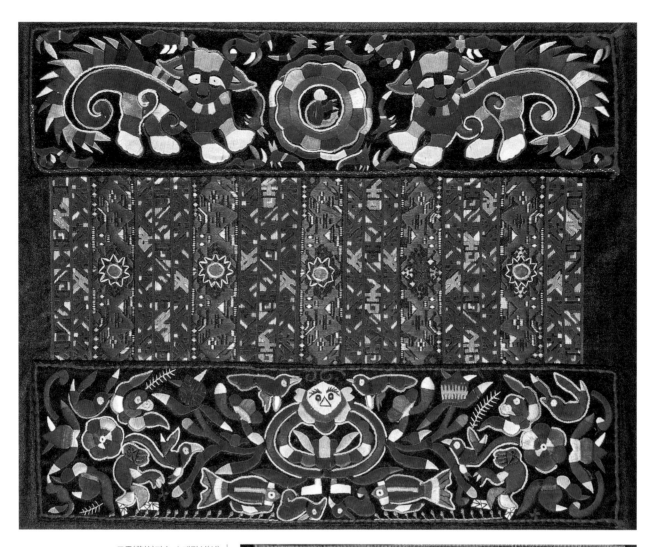

묘족(苗族)자수 소매장식(상)
33×27cm
자수기법: 부선수(剖線繡), 쇄수(鎖繡), 수사수(數紗繡)
문양: 수구(繡球)를 굴리는 사자, 새끼를 가진
나비엄마[蝴蝶媽媽], 문자부호

검동남(黔東南) 태강(台江)

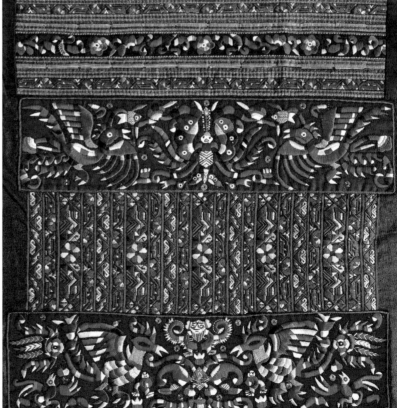

묘족(苗族)자수 소매장식
31×28cm
자수기법: 부선수(剖線繡)
문양: 강앙(姜央)을 부화한 척우조(鵲宇鳥)

검동남(黔東南) 태강(台江)

묘족(苗族)자수 소매장식(상)
자수기법: 평수(平繡), 쇄수(鎖繡)
문양: 인물, 사당, 꽃, 새

검동남(黔東南) 태강(台江)

묘족(苗族)자수 소매장식(하)
자수기법: 수사수(數紗繡)
문양: 묘족신화

검동남(黔東南) 태강(台江)

묘족(苗族)자수 소매장식
27.5×23.5cm
자수기법: 부선수(剖線繡), 수사수(數紗繡)
문양: 바위매를 탄 조롱박남매

검동남(黔東南) 태강(台江)

묘족(苗族)자수 소매장식
32×30cm
자수기법: 부선수(剖線繡), 수사수(數紗繡)
문양: 나비엄마[蝴蝶媽媽], 척우조(鶺宇鳥)

검동남(黔東南) 태강(台江)

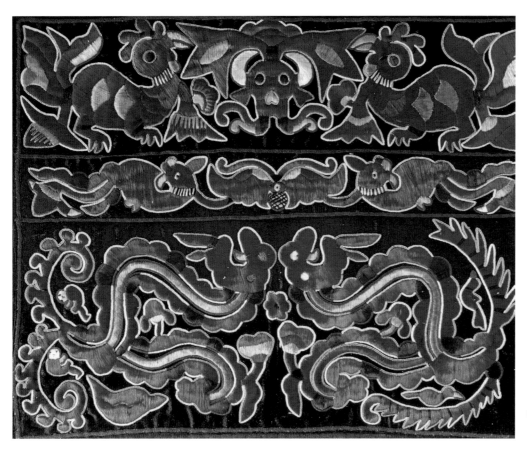

묘족(苗族)자수 소매장식
자수기법: 부선수(剖線繡), 쇄수(鎖繡)
문양: 용, 소머리, 새

검동남(黔東南) 태강(台江)

묘족(苗族)자수 소매장식
자수기법: 부선수(剖線繡),
　　　　　수사수(數紗繡)
문양: 나비, 새, 호랑이

검동남(黔東南) 태강(台江)

묘족(苗族)자수 소매장식(상)
자수기법: 평수(平繡)
문양: 여자 영웅 무무식(務茂媳)

검동남(黔東南) 태강(台江)

묘족(苗族)자수 소매장식(하)
자수기법: 부선수(剖線繡)
문양: :척우조(鵲宇鳥), 나비엄마[蝴蝶媽媽]

검동남(黔東南) 태강(台江)

묘족(苗族)자수 소매장식
27.5×23.5cm
자수기법: 부선수(剖線繡)
문양: 이로(理老), 동물, 조롱박남매

검동남(黔東南) 태강(台江)

묘족(苗族)자수 소매장식
32.5×26.5cm
자수기법: 부선수(剖線繡)
문양: 살어절(殺魚節) 전설, 나비엄마[蝴蝶媽媽],
　　　휴뉴(貅狃)

검동남(黔東南) 태강(台江)

묘족(苗族)자수 앞치마[圍腰]
80×68cm
자수기법: 평수(平繡)
문양: 용, 척우조(鶺宇鳥)

검동남(黔東南) 태강(台江)

묘족(苗族)자수 소매장식
28.5×21.5cm
자수기법: 부선수(剖線繡), 수사수(數紗繡)
문양: 조롱박남매, 대나무

검농남(黔東南) 태강(台江)

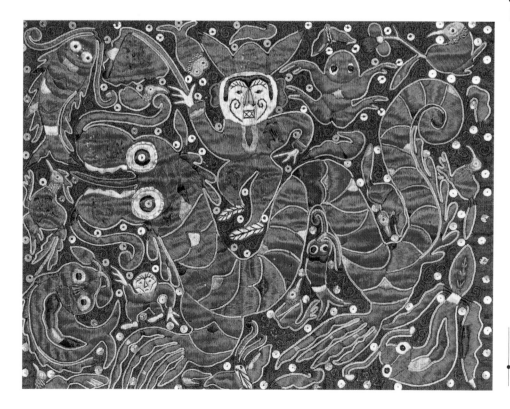

묘족(苗族)자수 소매장식
자수기법: 부선수(剖線繡)
문양: 용선절(龍船節) 전설

검동남(黔東南) 태강(台江)

묘족(苗族)자수 소매장식
자수기법: 부선수(剖線繡), 쇄수(鎖繡)
문양: 휴뉴(貅狃), 달, 건축, 인물

검동남(黔東南) 태강(台江)

묘족(苗族)자수 소매장식
자수기법: 부선수(剖線繡)
문양: 용을 다스리는 무무식(務茂媳)

검동남(黔東南) 태강(台江)

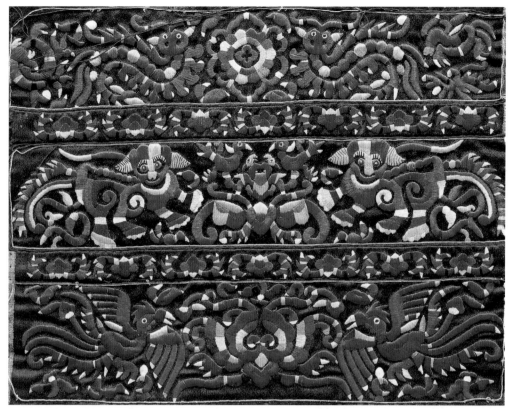

묘족(苗族)자수 소매장식
자수기법: 부선수(剖線繡)
문양: 용, 나비, 사자, 척우조(鶺宇鳥)

검동남(黔東南) 태강(台江)

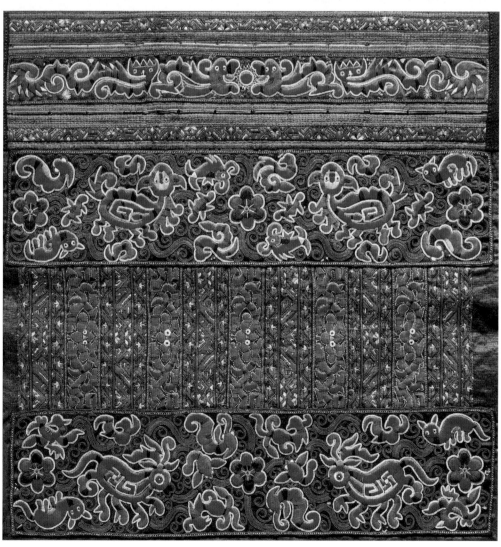

묘족(苗族)자수 소매장식
자수기법: 부선수(剖線繡), 쇄수(鎖繡)
문양: 사슴, 사자, 고양이, 물고기, 꽃, 새

검동남(黔東南) 태강(台江)

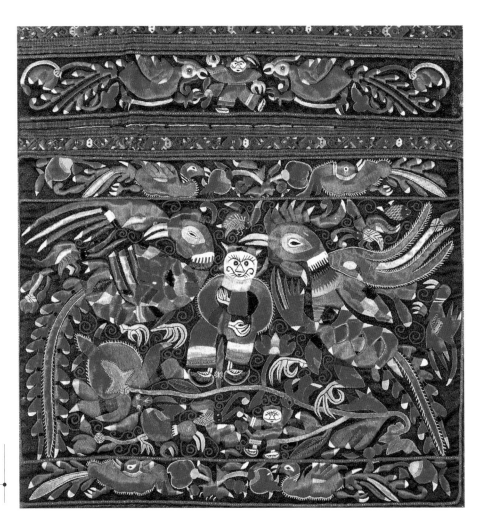

묘족(苗族)자수 소매장식
자수기법: 부선수(剖線繡)
문양: 강앙(姜央)을 부화한 척우조(鶺宇鳥)

검동남(黔東南) 태강(台江)

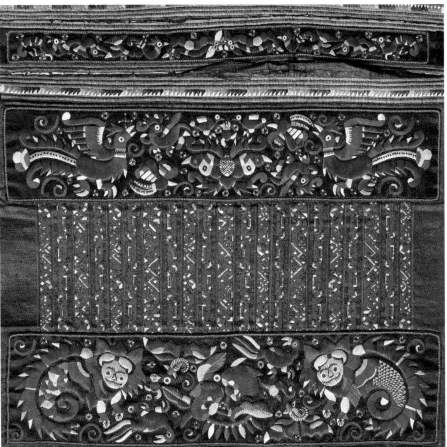

묘족(苗族)자수 소매장식
29×29cm
자수기법: 부선수(剖線繡)
문양: 호랑이, 새, 나비

검동남(黔東南) 태강(台江)

묘족(苗族)자수 소매장식
자수기법: 부선수(剖線繡), 쇄수(鎖繡)
문양: 용선절(龍船節) 전설, 어룡(魚龍), 기사(騎士)

검동남(黔東南) 태강(台江)

묘족(苗族)자수 소매장식
자수기법: 부선수(剖線繡), 쇄수(鎖繡)
문양: 사자, 소, 나무

검동남(黔東南) 태강(台江)

묘족(苗族)자수 소매장식
자수기법: 부선수(剖線繡), 쇄수(鎖繡)
문양: 묘족신화

검동남(黔東南) 태강(台江)

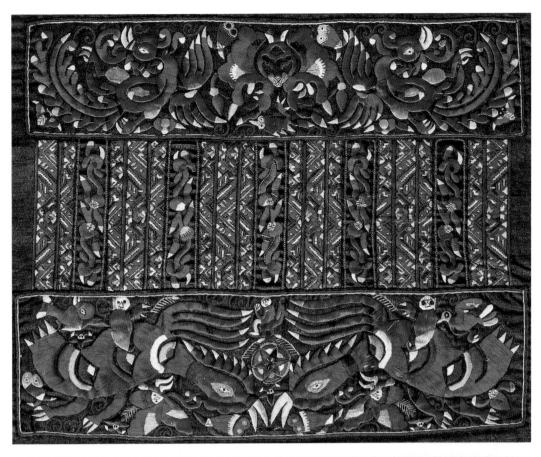

묘족(苗族)자수 소매장식(1세트)
29×23.5cm
자수기법: 부선수(剖線繡), 수사수(數紗繡)
문양: 바위매를 탄 조롱박남매, 척우조(鵲宇鳥), 단풍나무

검동남(黔東南) 태강(台江)

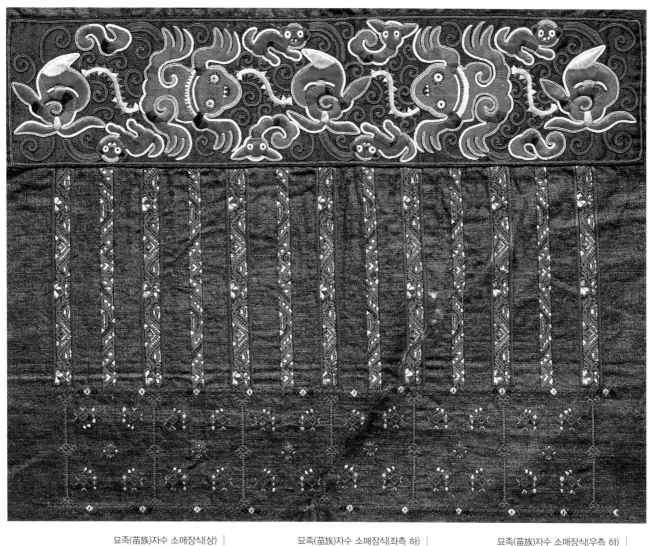

묘족(苗族)자수 소매장식(상) 28×21cm 자수기법: 부선수(剖線繡), 쇄수(鎖繡), 수사수(數紗繡) 문양: 개구리 검동남(黔東南) 태강(台江)	묘족(苗族)자수 소매장식(좌측 하) 30×27cm 자수기법: 부선수(剖線繡), 수사수(數紗繡) 문양: 강앙(姜央)을 부화한 척우조(鶺宇鳥) 검동남(黔東南) 태강(台江)	묘족(苗族)자수 소매장식(우측 하) 29×27cm 자수기법: 부선수(剖線繡), 수사수(數紗繡) 문양: 꽃, 고양이, 나비 검동남(黔東南) 태강(台江)

묘족(苗族)자수 소매장식
28.5×28cm
자수기법: 부선수(剖線繡),
　　　　　쇄수(鎖繡),
　　　　　수사수(數紗繡)
문양: 상룡(象龍), 나비, 사자

검동남(黔東南) 태강(台江)

묘족(苗族)자수 소매장식
32×21.5cm
자수기법: 부선수(剖線繡),
　　　　　쇄수(鎖繡),
　　　　　수사수(數紗繡)
문양: 새, 용

검동남(黔東南) 태강(台江)

묘족(苗族)자수 소매장식
27×21cm
자수기법: 부선수(剖線繡), 쇄수(鎖繡)
문양: 지네용

검동남(黔東南) 태강(台江)

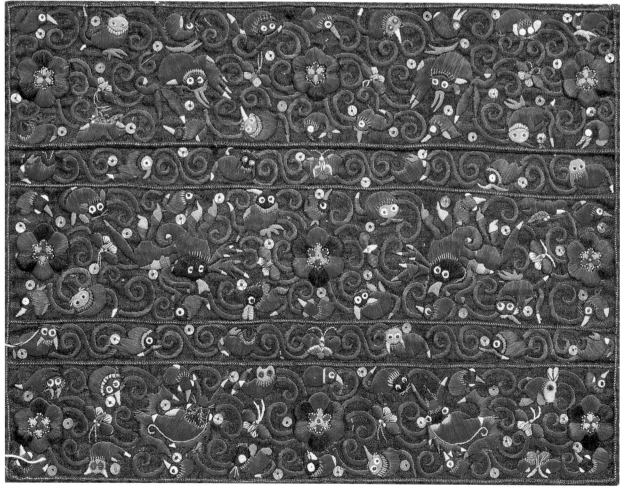

묘족(苗族)자수 소매장식
자수기법: 부선수(剖線繡)
문양: 사슴, 물고기, 새, 나비

검동남(黔東南) 태강(台江)

묘족(苗族)자수 소매장식
34.5×27cm
자수기법: 부선수(剖線繡), 쇄수(鎖繡), 수사수(數紗繡)
문양: 사자, 거북이, 나비

검동남(黔東南) 태강(台江)

묘족(苗族)자수 소매장식
32.5×30cm
자수기법: 부선수(剖線繡), 쇄수(鎖繡), 수사수(數紗繡)
문양: 새, 나비, 용

검동남(黔東南) 태강(台江)

묘족(苗族)자수 소매장식(상)
31.5×24cm
자수기법: 부선수(剖線繡), 쇄수(鎖繡),
수사수(數紗繡)
문양: 지네용

검동남(黔東南) 태강(台江)

묘족(苗族)자수 소매장식
자수기법: 부선수(剖線繡)
문양: 용, 새

검동남(黔東南) 태강(台江)

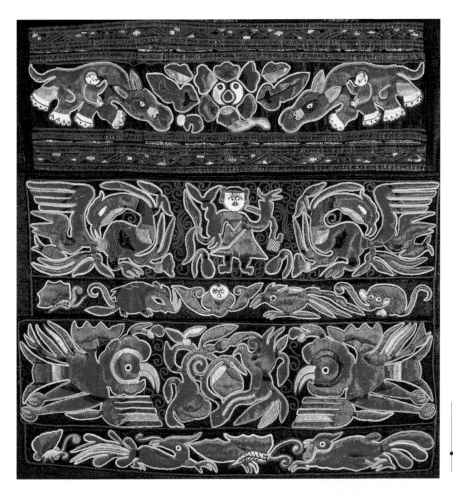

묘족(苗族)자수 소매장식
30×28cm
자수기법: 부선수(剖線繡), 쇄수(鎖繡)
문양: 단풍나무, 개, 강앙(姜央)을 부화한 척우조(鶺宇鳥)

검동남(黔東南) 태강(台江)

뇨족(苗族)자수 소매장식
30×28cm
자수기법: 부선수(剖線繡), 쇄수(鎖繡)
문양: 나비엄마[蝴蝶媽媽], 비마(飛馬), 곡식 씨앗을 구해 온 개

검동남(黔東南) 태강(台江)

묘족(苗族)자수 소매장식
27.5×25cm
자수기법: 부선수(剖線繡), 쇄수(鎖繡)
문양: 조롱박남매

검동남(黔東南) 태강(台江)

묘족(苗族)자수 소매장식
28×31cm
자수기법: 부선수(剖線繡), 쇄수(鎖繡)
문양: 휴뉴(貅狃), 개구리, 용

검동남(黔東南) 태강(台江)

묘족(苗族)자수 소매장식
29×30cm
자수기법: 부선수(剖線繡), 쇄수(鎖繡)
문양: 바위매를 탄 조롱박남매

검동남(黔東南) 태강(台江)

묘족(苗族)자수 소매장식
31×22.5cm
자수기법: 부선수(剖線繡)
문양: 새, 나비, 인물

검동남(黔東南) 태강(台江)

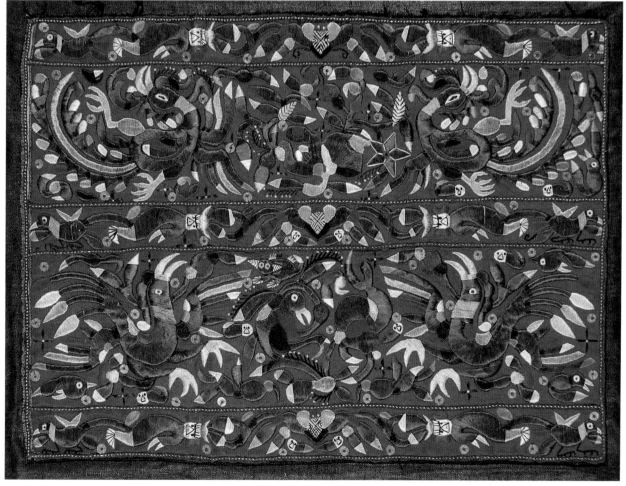

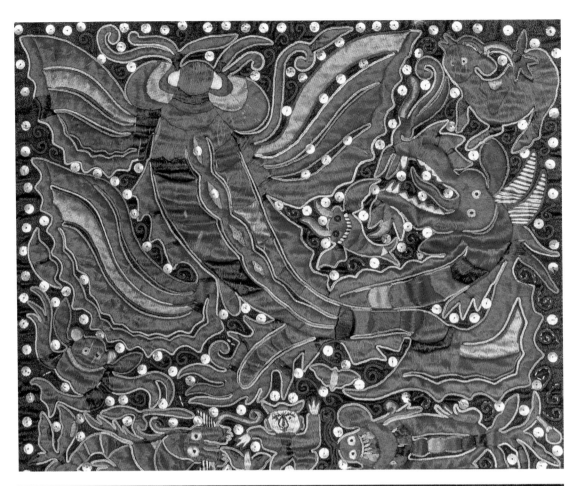

묘족(苗族)자수 소매장식(상)
자수기법: 부선수(剖線繡), 쇄수(鎖繡)
문양: 물고기, 용

검동남(黔東南) 태강(台江)

묘족(苗族)자수 소매장식(하)
30.5×22cm
자수기법: 부선수(剖線繡), 쇄수(鎖繡)
문양: 치우(蚩尤) 전설

검동남(黔東南) 태강(台江)

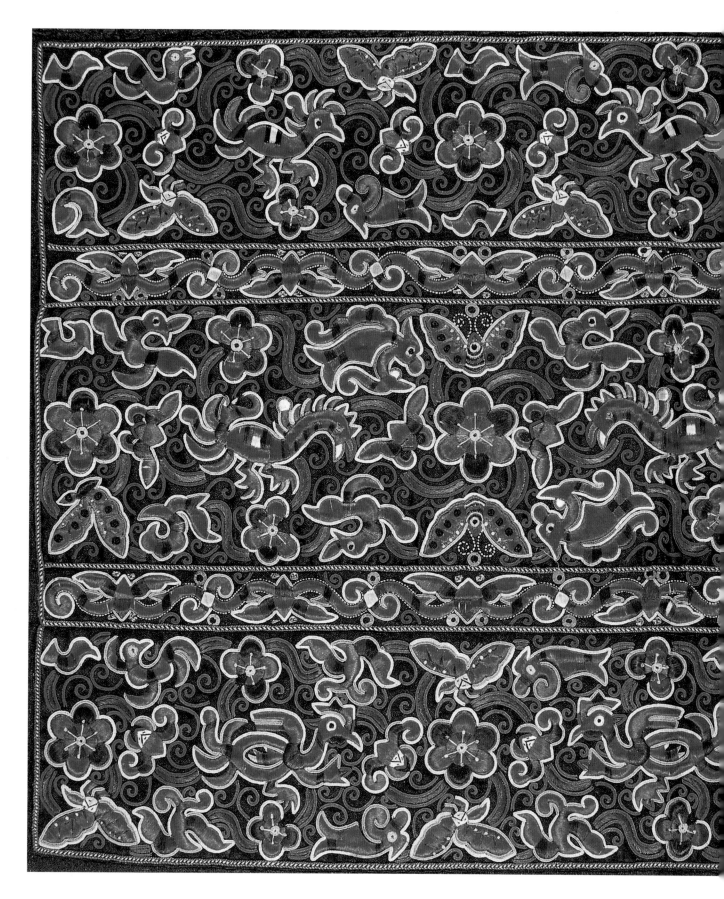

묘족(苗族)자수 소매장식
30×27cm
자수기법: 부선수(剖線繡), 쇄수(鎖繡)
문양: 꽃, 새, 나비, 물고기

검동남(黔東南) 태강(台江)

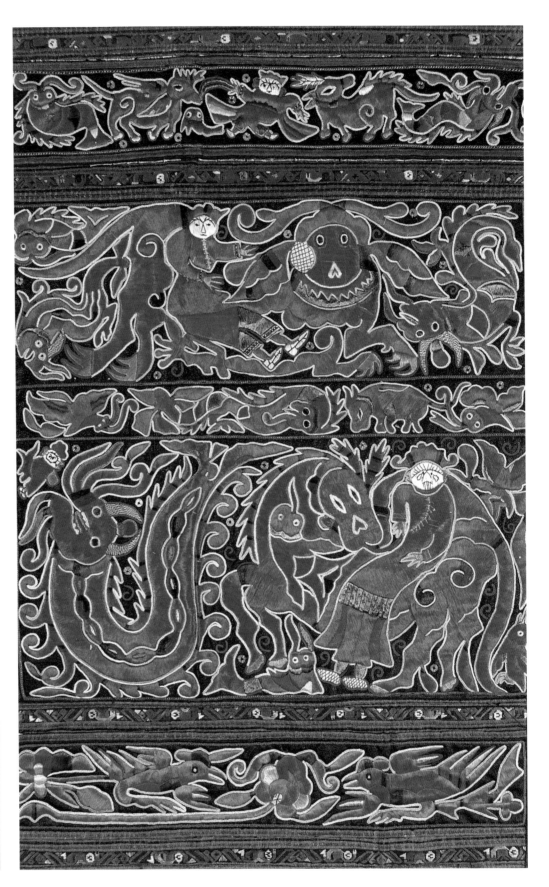

묘족(苗族)자수 소매장식
42.5×26.5cm
자수기법: 부선수(剖線繡), 쇄수(鎖繡)
문양: 무무식(務茂媳)

검동남(黔東南) 태강(台江)

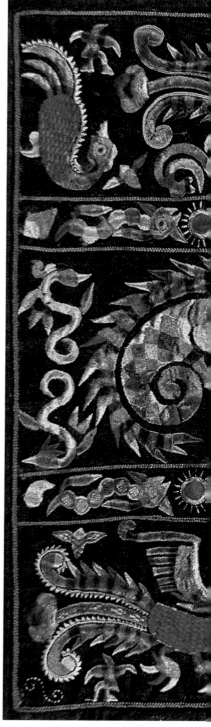

묘족(苗族)자수 소매장식
41×29cm
자수기법: 부선수(剖線繡), 쇄수(鎖繡)
문양: 기러기, 용, 사당

검동남(黔東南) 태강(台江)

묘족(苗族)자수 소매장식
자수기법: 부선수(剖線繡)
문양: 호랑이, 새, 나비, 꽃

검동남(黔東南) 태강(台江)

묘족(苗族)자수 소매장식
자수기법: 부선수(剖線繡), 쇄수(鎖繡)
문양: 무무식(務茂媳)

검동남(黔東南) 태강(台江)

묘족(苗族)자수 소매장식
42×28cm
자수기법: 부선수(剖線繡), 쇄수(鎖繡)
문양: 호랑이, 뱀, 사자, 개구리, 알

검동남(黔東南) 태강(台江)

묘족(苗族)자수 소매장식
자수기법: 부선수(剖線繡), 쇄수(鎖繡), 수사수(數紗繡)
문양: 물고기, 용, 꽃, 나비

검동남(黔東南) 태강(台江)

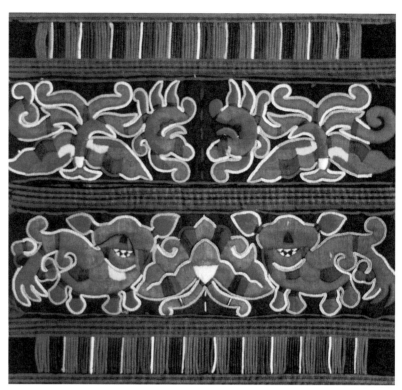

묘족(苗族)자수 어깨장식
자수기법: 부선수(剖線繡), 쇄수(鎖繡)
문양: 사자, 용, 나비

검동남(黔東南) 태강(台江)

묘족(苗族)자수 소매장식
39×27.5cm
자수기법: 부선수(剖線繡)
문양: 코끼리, 새, 무당

검동남(黔東南) 태강(台江)

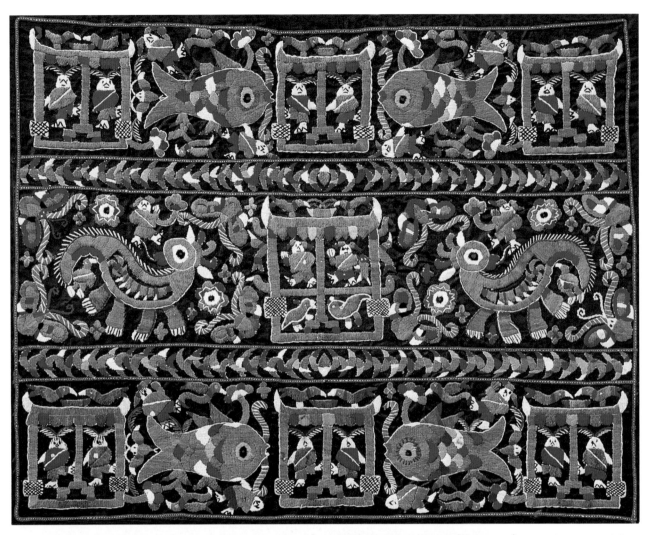

묘족(苗族)자수 소매장식(상)
60×39.5cm
자수기법: 부선수(剖線繡)
문양: 인물, 물고기, 소, 건축물

검동남(黔東南) 태강(台江)

묘족(苗族)자수 소매장식
30.5×26cm
자수기법: 부선수(剖線繡), 쇄수(鎖繡)
문양: 사자, 용, 코끼리, 비호(飛虎)

검동남(黔東南) 태강(台江)

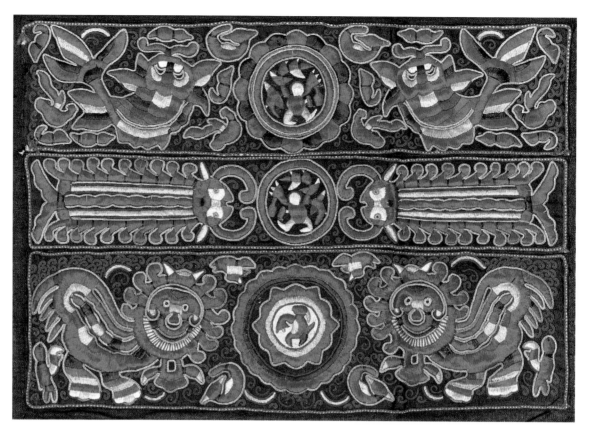

묘족(苗族)자수 소매장식(상)
38×29.5cm
자수기법: 부선수(剖線繡), 쇄수(鎖繡)
문양: 사자, 새우, 물고기, 조롱박

검동남(黔東南) 태강(台江)

묘족(苗族)자수 소매장식(하)
32×23cm
자수기법: 부선수(剖線繡), 쇄수(鎖繡)
문양: 개구리, 새우, 조롱박, 호랑이

검동남(黔東南) 태강(台江)

묘족(苗族)자수 소매장식
26.5×22cm
자수기법: 부선수(剖線繡)
문양: 용을 탄 무녀

검동남(黔東南) 태강(台江)

묘족(苗族)자수 소매장식
35×27cm
자수기법: 부선수(剖線繡), 쇄수(鎖繡)
문양: 용선절(龍船節) 전설

검동남(黔東南) 태강(台江)

묘족(苗族)자수 소매장식
자수기법: 부선수(剖線繡)
문양: 말을 탄 무무식(務茂媳)

검동남(黔東南) 태강(台江)

묘족(苗族)자수 소매장식
41×26cm
자수기법: 부선수(剖線繡), 쇄수(鎖繡)
문양: 인물, 개

검동남(黔東南) 태강(台江)

묘족(苗族)자수 어깨장식
자수기법: 부선수(剖線繡), 쇄수(鎖繡)
문양: 이로(理老), 새

검동남(黔東南) 태강(台江)

묘족(苗族)자수 어깨장식
자수기법: 부선수(剖線繡), 쇄수(鎖繡)
문양: 바위매를 탄 조롱박남매

검동남(黔東南) 태강(台江)

묘족(苗族)자수 어깨장식
16.5×14.5cm
자수기법: 부선수(剖線繡)
문양: 사자, 나비

검동남(黔東南) 태강(台江)

묘족(苗族)자수 어깨장식
16×14cm
자수기법: 부선수(剖線繡)
문양: 보물을 뺏는 용 두 마리

검동남(黔東南) 태강(台江)

묘족(苗族)자수 소매장식
자수기법: 부선수(剖線繡), 쇄수(鎖繡)
문양: 나비엄마[蝴蝶媽媽]

검동남(黔東南) 태강(台江)

묘족(苗族)자수 어깨장식
18×20cm
자수기법: 부선수(剖線繡)
문양: 나비엄마[蝴蝶媽媽], 강앙(姜央)

검동남(黔東南) 태강(台江)

묘족(苗族)자수 소매장식
63.5×39cm
자수기법: 부선수(剖線繡), 쇄수(鎖繡)
문양: 인물, 코끼리, 용

검동남(黔東南) 태강(台江)

묘족(苗族)자수 소매장식
63×39cm
자수기법: 부선수(剖線繡), 쇄수(鎖繡)
문양: 인물, 호랑이, 말, 물고기, 닭

검동남(黔東南) 태강(台江)

묘족(苗族)자수 어깨장식
16.5×18.5cm
자수기법: 부선수(剖線繡), 쇄수(鎖繡)
문양: 사자, 나비, 새

검동남(黔東南) 태강(台江)

묘족(苗族)자수 어깨장식
15.5×14.5cm
자수기법: 부선수(剖線繡), 쇄수(鎖繡)
문양: 구슬을 가지고 노는 용 두 마리

검동남(黔東南) 태강(台江)

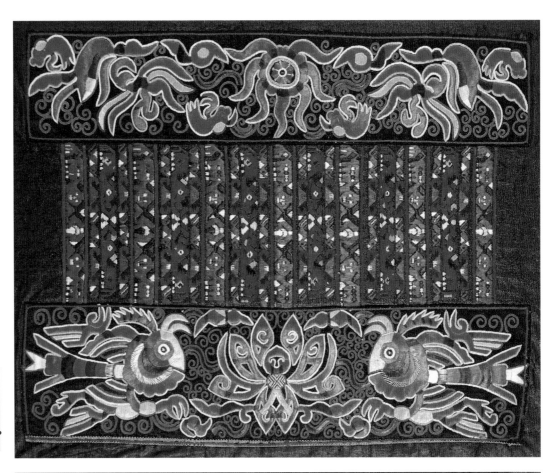

묘족(苗族)자수 소매장식
31×24cm
자수기법: 부선수(剖線繡),
쇄수(鎖繡), 납수(納繡)
문양: 새 두 마리 . 꽃

검동남(黔東南) 태강(台江)

묘족(苗族)자수 소매장식
29×25.5cm
자수기법: 부선수(剖線繡),
쇄수(鎖繡)
문양: 쌍두계(雙頭鷄), 물 속의
조롱박, 사자

검동남(黔東南) 태강(台江)

묘족(苗族)자수 소매장식(1세트)
30×26cm
자수기법: 부선수(剖線繡), 쇄수(鎖繡)
문양: 코끼리, 어룡(魚龍), 알, 조롱박남매,
　　　휴뉴(貅狃), 뇌공(雷公)

검동남(黔東南) 태강(台江)

묘족(苗族)자수 소매장식(1세트)
31×28.5cm
자수기법: 부선수(剖線繡), 쇄수(鎖繡)
문양: 강앙(姜央), 소, 단풍나무, 새

검동남(黔東南) 태강(台江)

묘족(苗族)자수 소매장식(1세트)
26.5×30cm
자수기법: 부선수(剖線繡), 쇄수(鎖繡)
문양: 소, 단풍나무, 새, 개구리, 소금쟁이,
　　　달 속의 강앙(姜央)

검동남(黔東南) 태강(台江)

묘족(苗族)자수 소매장식
27.5×23cm
자수기법: 부선수(剖線繡), 쇄수(鎖繡)
문양: 용선절(龍船節) 전설

검동남(黔東南) 태강(台江)

묘족(苗族)자수 소매장식
37.5×27cm
자수기법: 부선수(剖線繡), 쇄수(鎖繡)
문양: 건축물, 인물, 휴뉴(貅狃), 호랑이

검동남(黔東南) 태강(台江)

묘족(苗族)자수 소매장식(1시드)
30×26.5cm
자수기법: 부선수(剖線繡), 쇄수(鎖繡),
　　　　　 수사수(數紗繡)
문양: 해체한 한자, 태양, 달, 나비, 새,
　　　용, 휴뉴(貅狃)

검동남(黔東南) 태강(台江)

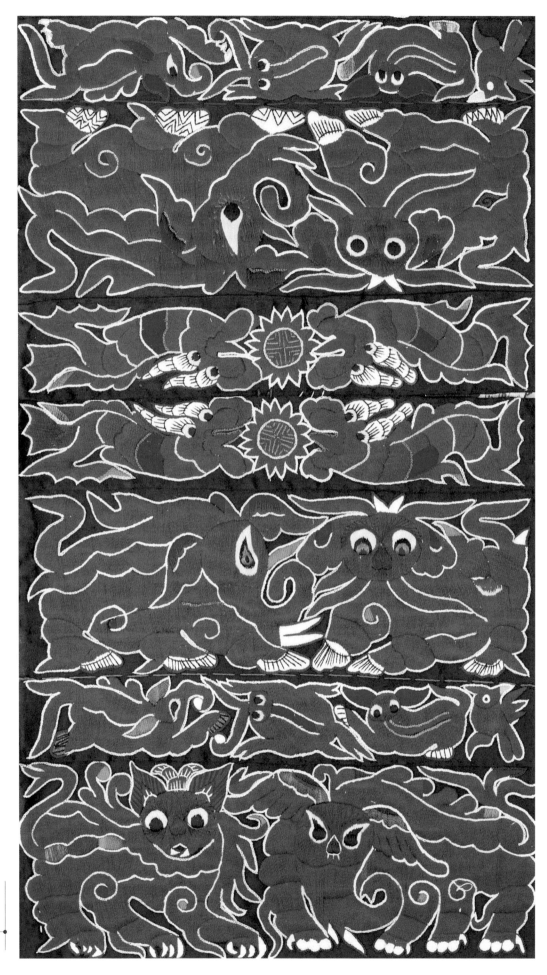

묘족(苗族)자수 소매장식
37.5×27cm
자수기법: 평수(平繡), 쇄수(鎖繡)
문양: 동물

검동남(黔東南) 태강(台江)

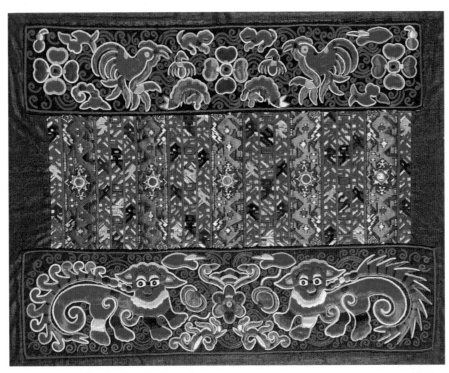

묘족(苗族)자수 소매장식
32×25cm
자수기법: 부선수(剖線繡), 쇄수(鎖繡), 수사수(數紗繡)
문양: 사자, 닭

검동남(黔東南) 태강(台江)

묘족(苗族)자수 소매장식
37×29cm
자수기법: 부선수(剖線繡), 쇄수(鎖繡)
문양: 용, 기러기, 소, 알

검동남(黔東南) 태강(台江)

묘족(苗族)지수 이깨장식
16.5×21.5cm
자수기법: 부선수(剖線繡), 쇄수(鎖繡)
문양: 사자 머리, 나비

검동남(黔東南) 태강(台江)

묘족(苗族)자수 소매장식
23.5×19.5cm
자수기법: 부선수(剖線繡)
문양: 사람이 타고 있는 사두룡(獅頭龍)

검동남(黔東南) 태강(台江)

묘족(苗族)자수 소매장식
32×25.5cm
자수기법: 부선수(剖線繡), 쇄수(鎖繡),
　　　　　 수사수(數紗繡)
문양: 코끼리, 개, 꽃, 나비

검동남(黔東南) 태강(台江)

묘족(苗族)자수 소매장식
42×30cm
자수기법: 부선수(剖線繡), 쇄수(鎖繡), 수사수(數紗繡)
문양: 호랑이, 코끼리, 나비, 소

검동남(黔東南) 태강(台江)

묘족(苗族)자수 소매장식
39×26cm
자수기법: 부선수(剖線繡), 쇄수(鎖繡)
문양: 물고기, 호랑이, 새우, 새

검동남(黔東南) 태강(台江)

묘족(苗族)자수 어깨장식
22.5×16cm
자수기법: 부선수(剖線繡), 쇄수(鎖繡)
문양: 봉기군(蜂起軍) 여전사

검동남(黔東南) 태강(台江)

묘족(苗族)자수 어깨장식
21×15.5cm
자수기법: 부선수(剖線繡), 쇄수(鎖繡)
문양: 이로(理老)

검동남(黔東南) 태강(台江)
*이로(理老)는 묘족 사회에서 법관에 해당한다.

묘족(苗族)자수 소매장식
42×29cm
자수기법: 부선수(剖線繡), 쇄수(鎖繡), 수사수(數紗繡)
문양: 꽃, 새, 소

검동남(黔東南) 태강(台江)

묘족(苗族)자수 소매장식
29×27.5cm
자수기법: 부선수(剖線繡), 쇄수(鎖繡)
문양: 달 속의 강앙(姜央), 물고기, 새,
꽃, 열매

검동남(黔東南) 태강(台江)

묘족(苗族)자수 소매장식
자수기법: 부선수(剖線繡), 쇄수(鎖繡),
수사수(數紗繡)
문양: 사자, 개

검동남(黔東南) 태강(台江)

묘족(苗族)자수 소매장식
25.5×22.5cm
자수기법: 부선수(剖線繡),
　　　　　수사수(數紗繡)
문양: 자손도(子孫圖)

검동남(黔東南) 태강(台江)

묘족(苗族)자수 어깨장식
18×20cm
자수기법: 부선수(剖線繡)
문양: 나비엄마[蝴蝶媽媽], 강앙(姜央)

검동남(黔東南) 태강(台江)

묘족(苗族)자수 소매장식
30×29cm
자수기법: 부선수(剖線繡), 쇄수(鎖繡)
문양: 소를 빼앗는 기사(騎士),
새 두 마리

검동남(黔東南) 태강(台江)

묘족(苗族)자수 어깨장식
18×20cm
자수기법: 부선수(剖線繡), 쇄수(鎖繡)
문양: 척우조(鶺宇鳥), 꽃, 열매

검동남(黔東南) 태강(台江)

묘족(苗族)자수 소매장식
26×30cm
자수기법: 부선수(剖線繡), 쇄수(鎖繡), 수사수(數紗繡)
문양: 새 두 마리, 사자 두 마리

검동남(黔東南) 태강(台江)

묘족(苗族)자수 소매장식
26×19.5cm
자수기법: 부선수(剖線繡), 쇄수(鎖繡)
문양: 단풍나무를 심는 사람, 알을 부화하는 새

검동남(黔東南) 태강(台江)

묘족(苗族)자수 어깨장식
16×18cm
자수기법: 부선수(剖線繡)
문양: 꽃, 새

검동남(黔東南) 태강(台江)

묘족(苗族)자수 소매장식
30.5×24cm
자수기법: 부선수(剖線繡), 쇄수(鎖繡), 수사수(數紗繡)
문양: 기사(騎士), 용, 무당

검동남(黔東南) 태강(台江)

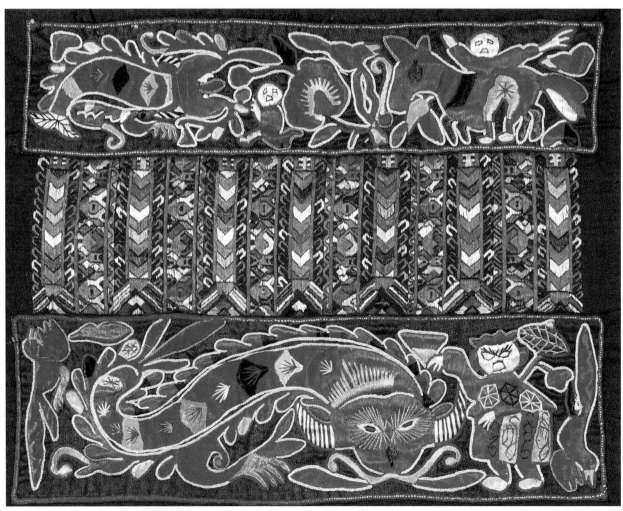

묘족(苗族)자수 어깨장식(상)
16×18.5cm
자수기법: 부선수(剖線繡), 쇄수(鎖繡)
문양: 나비, 물고기

검동남(黔東南) 태강(台江)

묘족(苗族)자수 소매장식(하)
33×18.5cm
자수기법: 부선수(剖線繡), 쇄수(鎖繡)
문양: 묘족신화

검동남(黔東南) 태강(台江)

묘족(苗族)자수 소매장식(상)
30×25.5cm
자수기법: 부선수(剖線繡)
문양: 여자 영웅 무무식(務茂媳)

검동남(黔東南) 태강(台江)

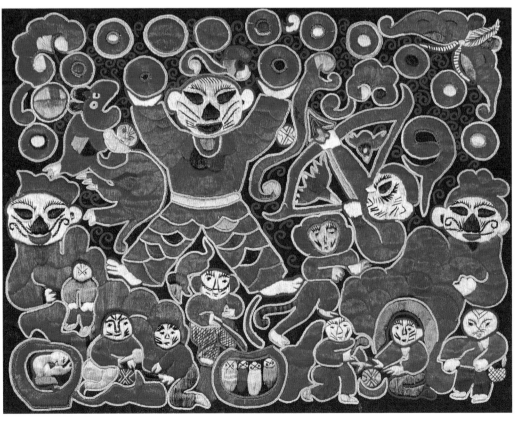

묘족(苗族)자수 소매장식
25.5×19.5cm
자수기법: 부선수(剖線繡), 쇄수(鎖繡)
문양: 해와 달을 만드는 사람과
쏘는 사람

검동남(黔東南) 태강(台江)

묘족(苗族)자수 소매장식(상)
자수기법: 부선수(剖線繡)
문양: 강앙(姜央)을 부화한 척우조(鶺宇鳥)

▶ 검동남(黔東南) 태강(台江)

묘족(苗族)자수 소매장식(하)
자수기법: 수사수(數紗繡)
문양: 말을 탄 무무식(務茂媳)

▶ 검동남(黔東南) 태강(台江)

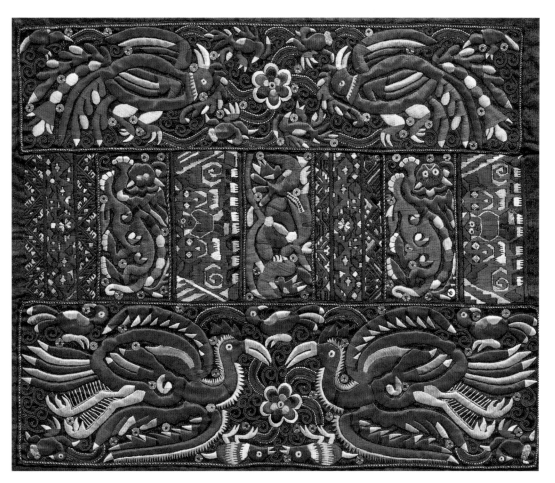

묘족(苗族)자수 소매장식(상)
자수기법: 부선수(剖線繡), 수사수(數紗繡)
문양: 사자, 새

검동남(黔東南) 태강(台江)

묘족(苗族)자수 소매장식(하)
자수기법: 부선수(剖線繡)
문양: 코끼리, 새, 나비

검동남(黔東南) 태강(台江)

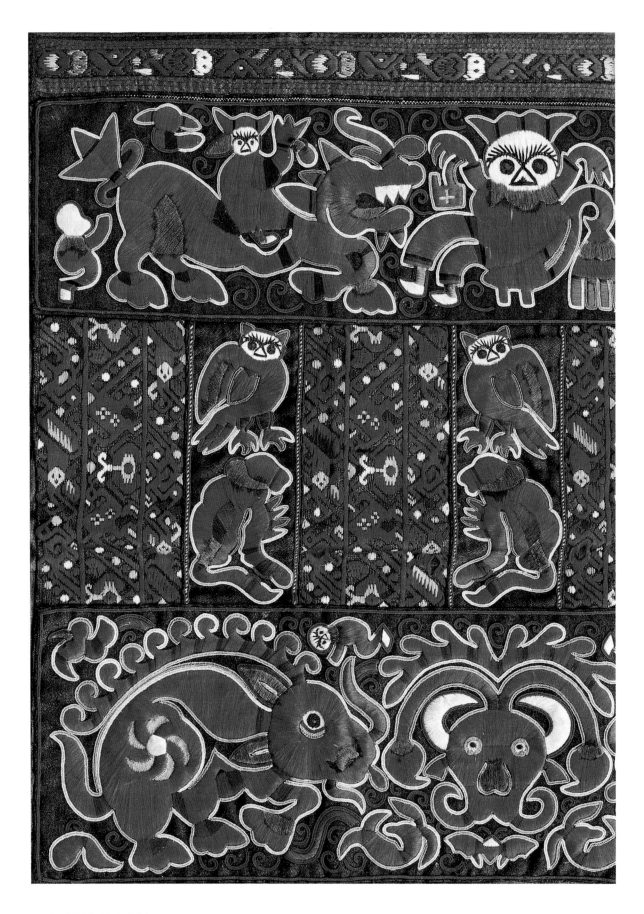

묘족(苗族)자수 소매장식
자수기법: 부선수(剖線繡), 쇄수(鎖繡), 수사수(數紗繡)
문양: 이로(理老), 묘두응(猫頭鷹), 휴뉴(貅狃), 소, 대나무쥐

검동남(黔東南) 태강(台江)

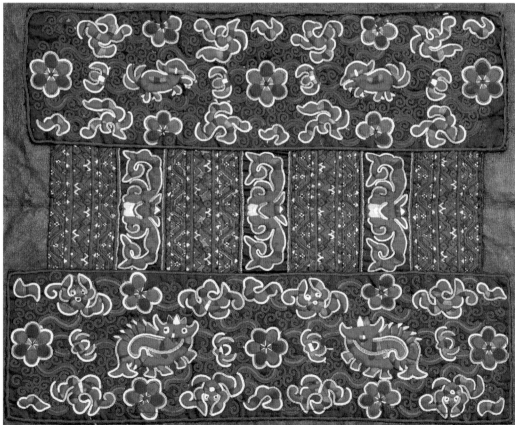

묘족(苗族)자수 소매장식(상)
25×30cm
자수기법: 차침수(岔針繡), 평수(平繡)
문양: 묘족신화

검동남(黔東南) 태강(台江)

묘족(苗族)자수 소매장식(하)
자수기법: 부선수(剖線繡), 쇄수(鎖繡)
문양: 꽃, 동물

검동남(黔東南) 태강(台江)

묘족(苗族)자수 옷자락장식(좌측)
14×4cm
자수기법: 포첩수(布貼繡)
문양: 기하학 도안

검동남(黔東南) 태강(台江)

묘족(苗族)자수 옷깃장식(우측)
14×4cm
자수기법: 포첩수(布貼繡)
문양: 인물

검동남(黔東南) 태강(台江)

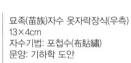

묘족(苗族)자수 옷깃장식(좌측)
14×4cm
자수기법: 포첩수(布貼繡)
문양: 기하학 도안

검동남(黔東南) 시병(施秉)

묘족(苗族)자수 옷자락장식(우측)
13×4cm
자수기법: 포첩수(布貼繡)
문양: 기하학 도안

검동남(黔東南) 검하(劍河)

묘족(苗族)자수 옷깃장식(좌·우측)
14×4cm
자수기법: 포첩수(布貼繡)
문양: 기하학 도안

검동남(黔東南) 태강(台江)

묘족(苗族)자수 옷깃장식(세트)
자수기법: 포첩수(布貼繡)
문양: 기하학 도안

검동남(黔東南) 태강(台江)

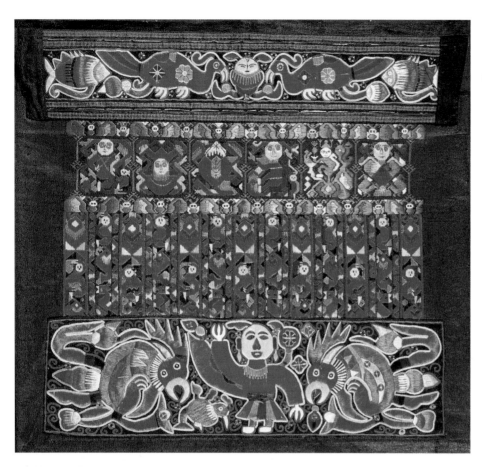

묘족(苗族)자수 소매장식
자수기법: 부선수(剖線繡), 쇄수(鎖繡)
문양: 나비엄마[蝴蝶媽媽], 척우조(鶺宇鳥),
　　　다자다복(多子多福)

검동남(黔東南) 태강(台江)

묘족(苗族)자수 소매장식
자수기법: 평수(平繡)
문양: 휴뉴(貅狃), 무녀

검동남(黔東南) 태강(台江)

묘족(苗族)자수 소매장식
자수기법: 부선수(剖線繡), 쇄수(鎖繡)
문양: 뇌공(雷公), 용

검동남(黔東南) 태강(台江)

묘족(苗族)자수 소매장식
자수기법: 부선수(剖線繡), 쇄수(鎖繡)
문양: 나비엄마[蝴蝶媽媽], 척우조(鶺宇鳥)

검동남(黔東南) 태강(台江)

묘족(苗族)자수 소매장식(상)
자수기법: 부선수(剖線繡)
문양: 인물, 새

검동남(黔東南) 태강(台江)

묘족(苗族)자수 소매장식(하)
자수기법: 수사수(數紗繡)
문양: 나비엄마[蝴蝶媽媽]

검동남(黔東南) 태강(台江)

묘족(苗族)자수 소매장식(상)
자수기법: 부선수(剖線繡), 쇄수(鎖繡)
문양: 개, 소, 꽃, 새

검동남(黔東南) 태강(台江)

묘족(苗族)자수 소매장식(하)
자수기법: 부선수(剖線繡), 쇄수(鎖繡)
문양: 신견(神犬), 꽃, 새

검동남(黔東南) 태강(台江)

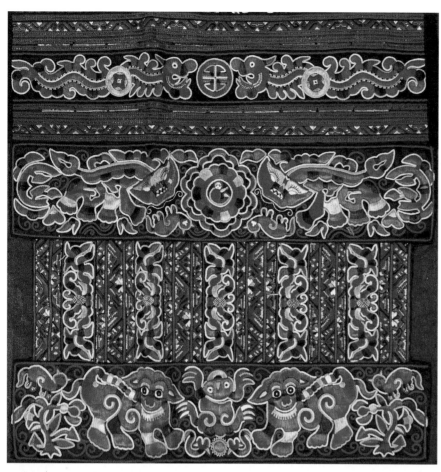

묘족(苗族)자수 소매장식
30.5×27.5cm
자수기법: 부선수(剖線繡), 쇄수(鎖繡), 수사수(數紗繡)
문양: 사자, 개구리, 나비, 호랑이

검동남(黔東南) 태강(台江)

묘족(苗族)자수 소매장식
30×27.5cm
자수기법: 부선수(剖線繡), 쇄수(鎖繡)
문양: 용, 닭, 개구리, 게

검동남(黔東南) 태강(台江)

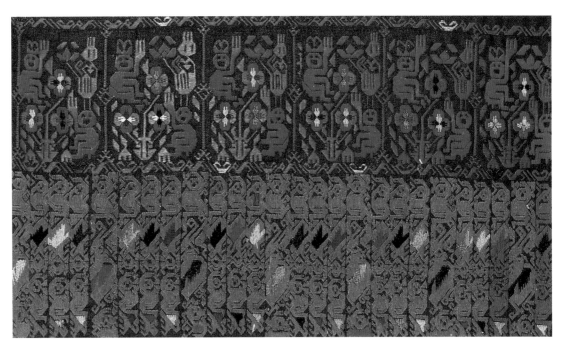

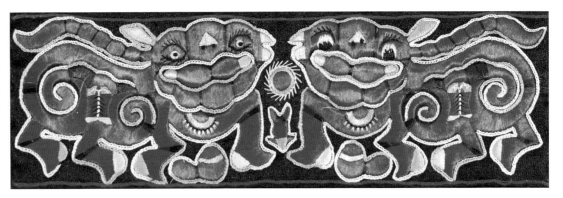

| 묘족(苗族)자수 소매장식(상)
30×17cm
자수기법: 수사수(數紗繡)
문양: 남매 혼인과 그 후손

검동남(黔東南) 태강(台江) | 묘족(苗族)자수 어깨장식(중 상)
18×6cm
자수기법: 부선수(剖線繡), 쇄수(鎖繡)
문양: 휴뉴(貅狃), 척우조(鵲宇鳥)

검동남(黔東南) 태강(台江) | 묘족(苗族)자수 어깨장식(중 하)
18×4cm
자수기법: 부선수(剖線繡), 쇄수(鎖繡)
문양: 사자

검동남(黔東南) 태강(台江) | 묘족(苗族)자수 어깨장식(하)
19.5×6cm
자수기법: 부선수(剖線繡), 쇄수(鎖繡)
문양: 꽃, 새

검동남(黔東南) 태강(台江) |

묘족(苗族)자수 소매장식
31×27cm
자수기법: 부선수(剖線繡), 쇄수(鎖繡)
문양: 기사(騎士), 단풍나무, 금붕어, 새

검동남(黔東南) 태강(台江)

묘족(苗族)자수 소매장식
25×27cm
자수기법: 수사수(數紗繡), 평수(平繡)
문양: 남매의 혼인

검동남(黔東南) 태강(台江)

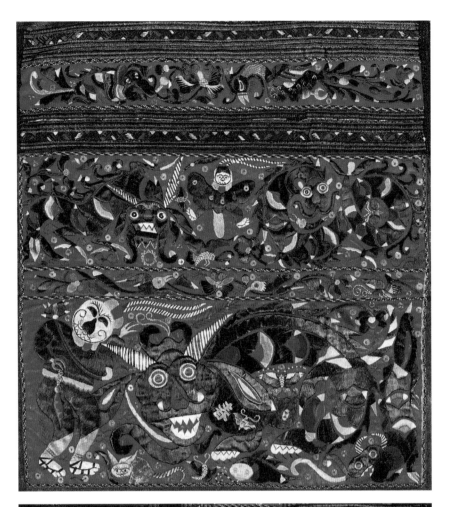

묘족(苗族)자수 소매장식(1세트)
30.5×27cm
자수기법: 부선수(剖線繡)
문양: 천지개벽, 용선절(龍船節) 전설

검동남(黔東南) 태강(台江)

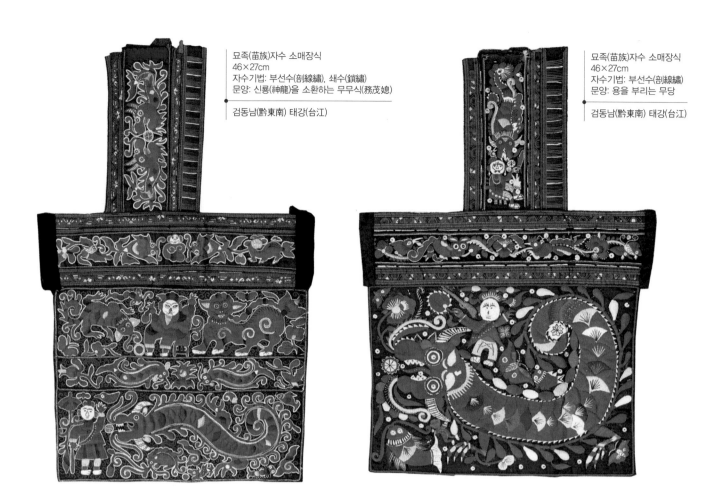

묘족(苗族)자수 소매장식
46×27cm
자수기법: 부선수(剖線繡), 쇄수(鎖繡)
문양: 신룡(神龍)을 소환하는 무무식(務茂媳)

검동남(黔東南) 태강(台江)

묘족(苗族)자수 소매장식
46×27cm
자수기법: 부선수(剖線繡)
문양: 용을 부리는 무당

검동남(黔東南) 태강(台江)

묘족(苗族)자수 소매장식(1세트)
자수기법: 부선수(剖線繡), 쇄수(鎖繡)
문양: 용선절(龍船節) 전설, 용을 탄 무녀

검동남(黔東南) 태강(台江)

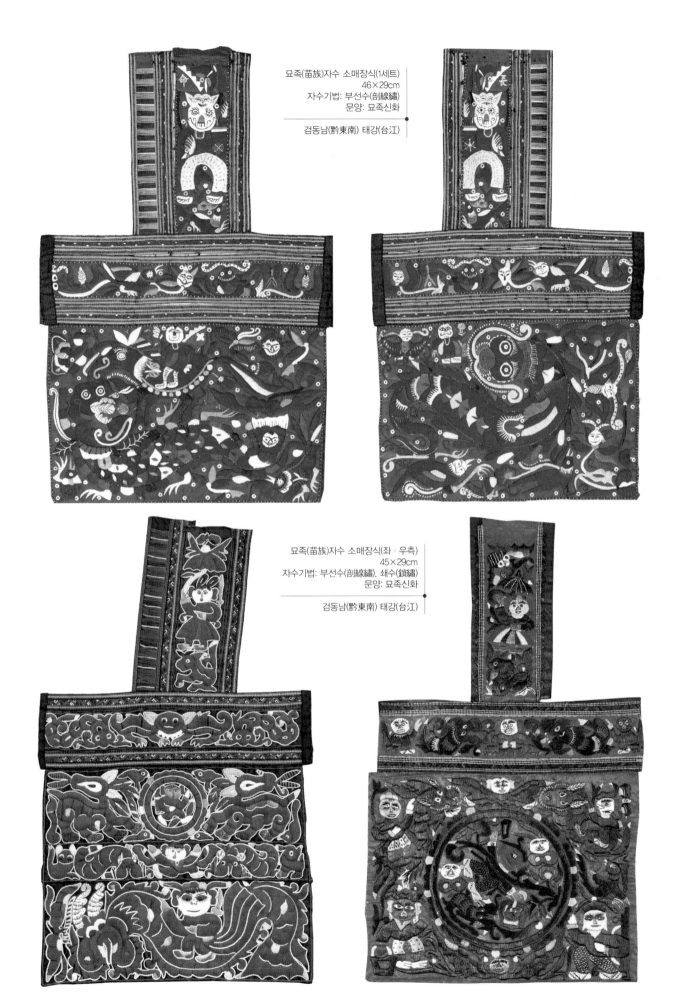

묘족(苗族)자수 소매장식(1세트)
46×29cm
자수기법: 부선수(剖線繡)
문양: 묘족신화

검동남(黔東南) 태강(台江)

묘족(苗族)자수 소매장식(좌·우측)
45×29cm
자수기법: 부선수(剖線繡), 쇄수(鎖繡)
문양: 묘족신화

검동남(黔東南) 태강(台江)

묘족(苗族)자수 소매장식
43×25cm
자수기법: 부선수(剖線繡), 쇄수(鎖繡)
문양: 나비엄마[蝴蝶媽媽], 용의 딸

검동남(黔東南) 태강(台江)

묘족(苗族)자수 소매장식
자수기법: 부선수(剖線繡), 쇄수(鎖繡)
문양: 용선절(龍船節) 전설

검동남(黔東南) 태강(台江)

묘족(苗族)자수 소매장식
29×35cm
자수기법: 부선수(剖線繡), 쇄수(鎖繡)
문양: 알을 부화하는 척우조(鶒宇鳥)

검동남(黔東南) 태강(台江)

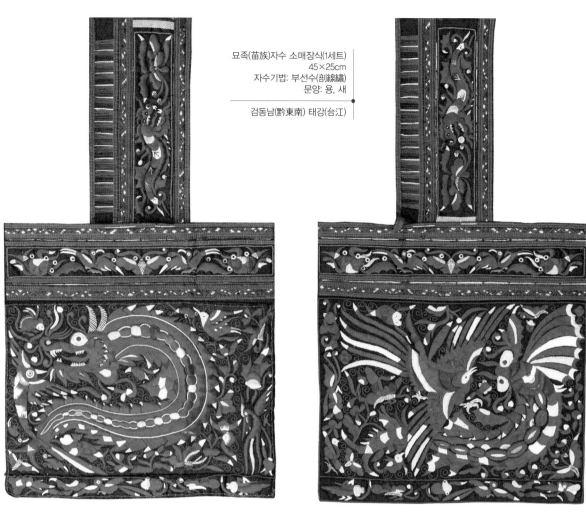

묘족(苗族)자수 소매장식(1세트)
45×25cm
자수기법: 부선수(剖線繡)
문양: 용, 새

검동남(黔東南) 태강(台江)

묘족(苗族)자수 소매장식
47×26cm
자수기법: 부선수(剖線繡), 쇄수(鎖繡), 백금수(帛錦繡)
문양: 용을 탄 무당

검동남(黔東南) 태강(台江)

묘족(苗族)자수 소매장식
자수기법: 부선수(剖線繡), 쇄수(鎖繡)
문양: 새, 소, 꽃

검동남(黔東南) 태강(台江)

묘족(苗族)자수 소매장식(1세트)
자수기법: 부선수(剖線繡), 쇄수(鎖繡)
문양: 묘족신화

검동남(黔東南) 태강(台江)

①

②

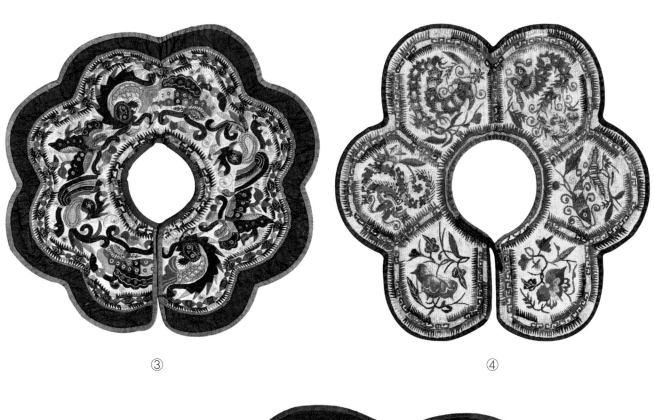

③

④

묘족(苗族)자수 아동 목도리(5점)
① 29.5×29.5cm
② 30×30cm
③ 27×27cm
④ 32.5×32.5cm
⑤ 27.5×27.5cm
자수기법: 평수(平繡)
문양: 동물

검동남(黔東南) 태강(台江)

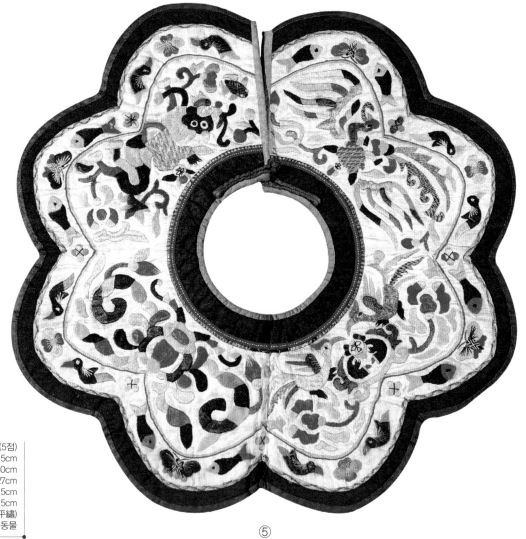

⑤

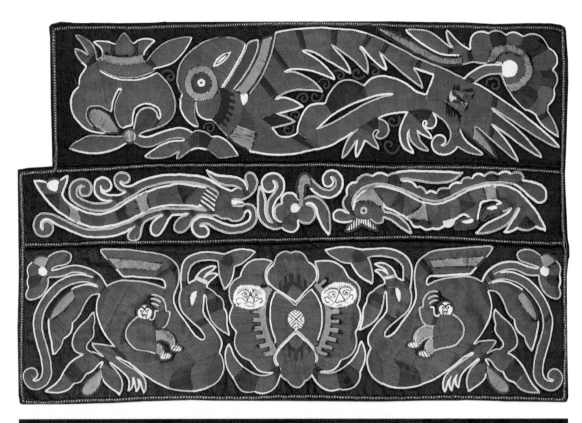

묘족(苗族)자수 소매장식(상)
19×29cm
자수기법: 부선수(剖線繡), 쇄수(鎖繡)
문양: 알을 부화하는 척우조(鶺宇鳥), 조롱박남매

검동남(黔東南) 태강(台江)

묘족(苗族)자수 소매장식(하)
22×29cm
자수기법: 부선수(剖線繡), 쇄수(鎖繡), 수사수(數紗繡)
문양: 호랑이

검동남(黔東南) 태강(台江)

묘족(苗族)자수 소매장식(1세트)
34×52cm
자수기법: 부선수(剖線繡), 쇄수(鎖繡)
문양: 묘족신화

검동남(黔東南) 태강(台江)

묘족(苗族)자수 소매장식
28×24cm
자수기법: 부선수(剖線繡), 쇄수(鎖繡)
문양: 용을 부르는 그림

검동남(黔東南) 태강(台江)

묘족(苗族)자수 소매장식(1세트)
24×29cm
자수기법: 부선수(剖線繡)
문양: 장수미(張秀眉), 무무식(務茂媳)

검동남(黔東南) 태강(台江)

묘족(苗族)자수 어깨장식(상)
자수기법: 부선수(剖線繡), 쇄수(鎖繡)
문양: 이로(理老)

검동남(黔東南) 태강(台江)

묘족(苗族)자수 소매장식(1세트)(하)
23×28cm
자수기법: 차침수(岔針繡)
문양: 나비엄마[蝴蝶媽媽]

검동남(黔東南) 태강(台江)

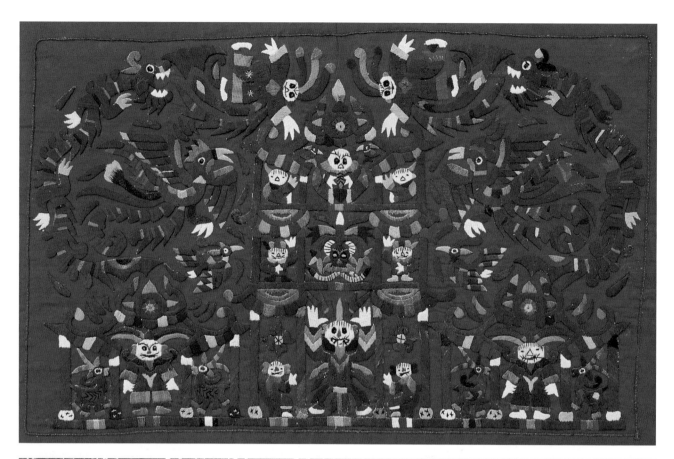

묘족(苗族)자수 소매장식(상)
자수기법: 평수(平繡)
문양: 묘족신화

검동남(黔東南) 태강(台江)

묘족(苗族)자수 소매장식(하)
자수기법: 부선수(剖線繡)
문양: 동물

검동남(黔東南) 태강(台江)

묘족(苗族)자수 소매장식
자수기법: 부선수(剖線繡), 쇄수(鎖繡)
문양: 용을 탄 무녀

검동남(黔東南) 태강(台江)

묘족(苗族)자수 소매장식(상)
자수기법: 부선수(剖線繡), 쇄수(鎖繡)
문양: 인물, 동물

검동남(黔東南) 태강(台江)

묘족(苗族)자수 어깨장식(하)
자수기법: 부선수(剖線繡), 쇄수(鎖繡)
문양: 닭, 용, 건축물

검동남(黔東南) 태강(台江)

묘족(苗族)자수 소매장식
자수기법: 부선수(剖線繡), 쇄수(鎖繡)
문양: 묘족신화

검동남(黔東南) 태강(台江)

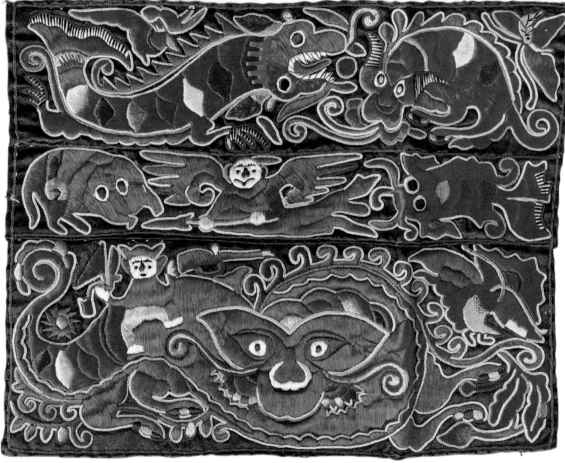

묘족(苗族)자수 소매장식
자수기법: 부선수(剖線繡), 쇄수(鎖繡)
문양: 묘족신화

검동남(黔東南) 태강(台江)

묘족(苗族)자수 소매장식(상)
자수기법: 부선수(剖線繡), 쇄수(鎖繡)
문양: 용선절(龍船節) 전설

검동남(黔東南) 태강(台江)

묘족(苗族)자수 소매장식(하)
자수기법: 부선수(剖線繡)
문양: 신룡(神龍)을 소환해 전쟁을 돕는 무무식(務茂媳)

검동남(黔東南) 태강(台江)

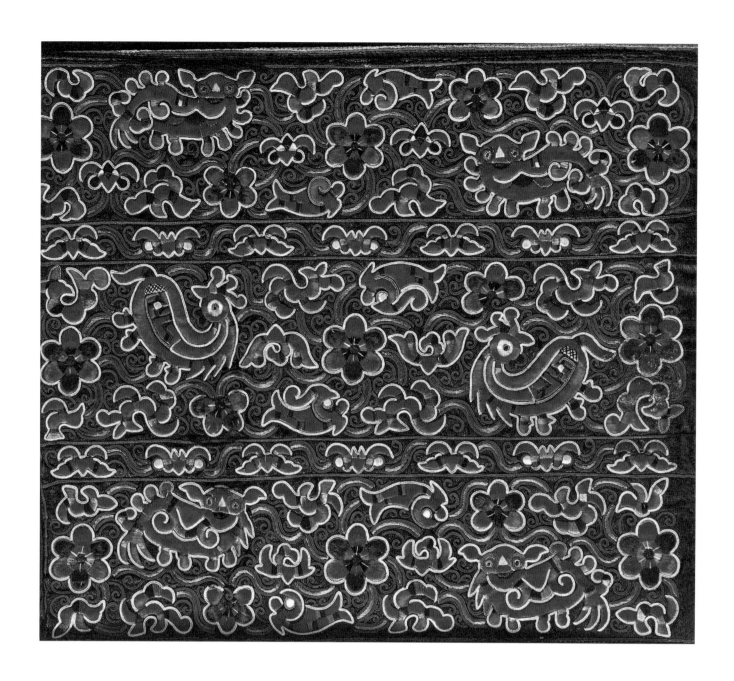

묘족(苗族)자수 소매장식
자수기법: 부선수(剖線繡), 쇄수(鎖繡)
문양: 꽃, 새, 길짐승

검동남(黔東南) 태강(台江)

묘족(苗族)자수 소매장식(상)
자수기법: 부선수(剖線繡), 쇄수(鎖繡)
문양: 새, 나비, 꽃

검동남(黔東南) 태강(台江)

묘족(苗族)자수 소매장식(하)
자수기법: 부선수(剖線繡), 쇄수(鎖繡)
문양: 우두룡(牛頭龍), 대나무쥐

검동남(黔東南) 태강(台江)

묘족(苗族)자수 소매장식
자수기법: 부선수(剖線繡), 쇄수(鎖繡)
문양: 도롱뇽

검동남(黔東南) 태강(台江)

묘족(苗族)자수 소매장식
자수기법: 부선수(剖線繡), 쇄수(鎖繡)
문양: 꽃, 새, 용을 탄 무당

검동남(黔東南) 태강(台江)

묘족(苗族)자수 소매장식(상)
자수기법: 수사수(數紗繡)
문양: 기하학적 용 문양

검동남(黔東南) 태강(台江)

묘족(苗族)자수 소매장식(하)
자수기법: 부선수(剖線繡), 쇄수(鎖繡)
문양: 나비

검동남(黔東南) 태강(台江)

뒤

묘족(苗族)자수 상의
자수기법: 평수(平繡)
문양: 묘족신화

검동남(黔東南) 태강(台江)

(앞면)

(부분)

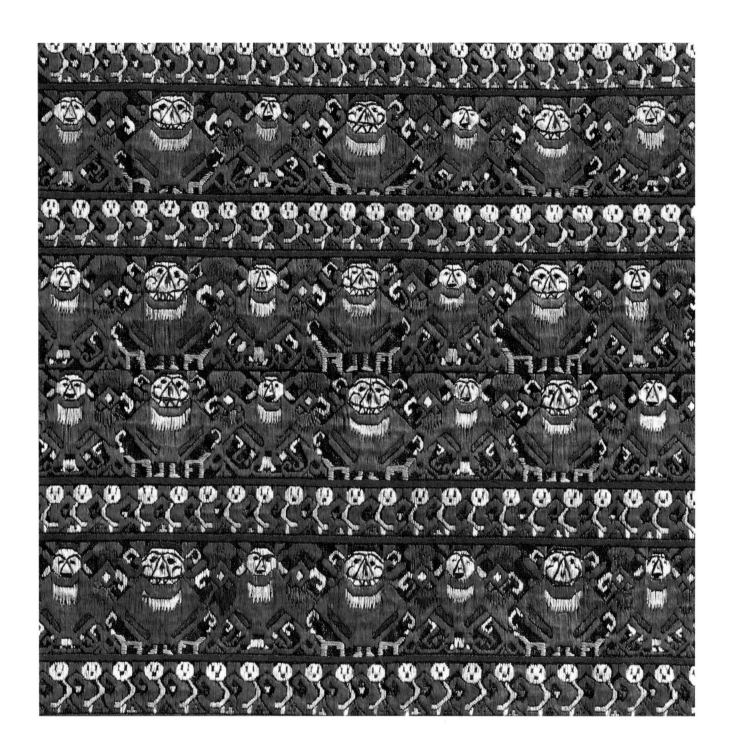

묘족(苗族)자수 소매장식
자수기법: 수사수(數紗繡)
문양: 다자다복(多子多福)

검동남(黔東南) 검하(劍河)

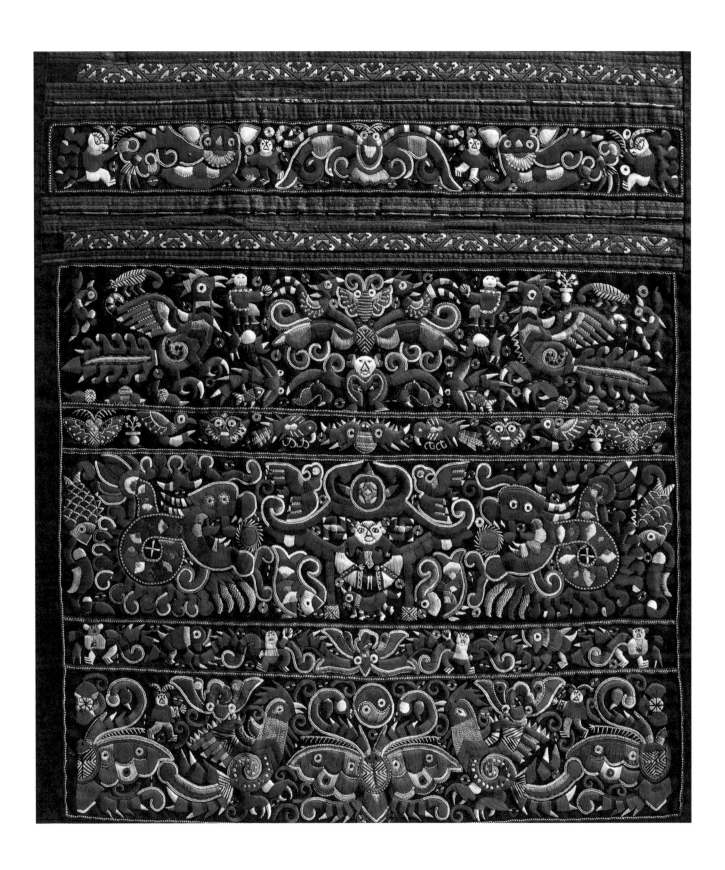

묘족(苗族)자수 소매장식
34×31cm
자수기법: 부선수(剖線繡), 쇄수(鎖繡)
문양: 물 속의 조롱박남매, 나비엄마[蝴蝶媽媽], 척우조(鶺宇鳥)

검동남(黔東南) 검하(劍河)

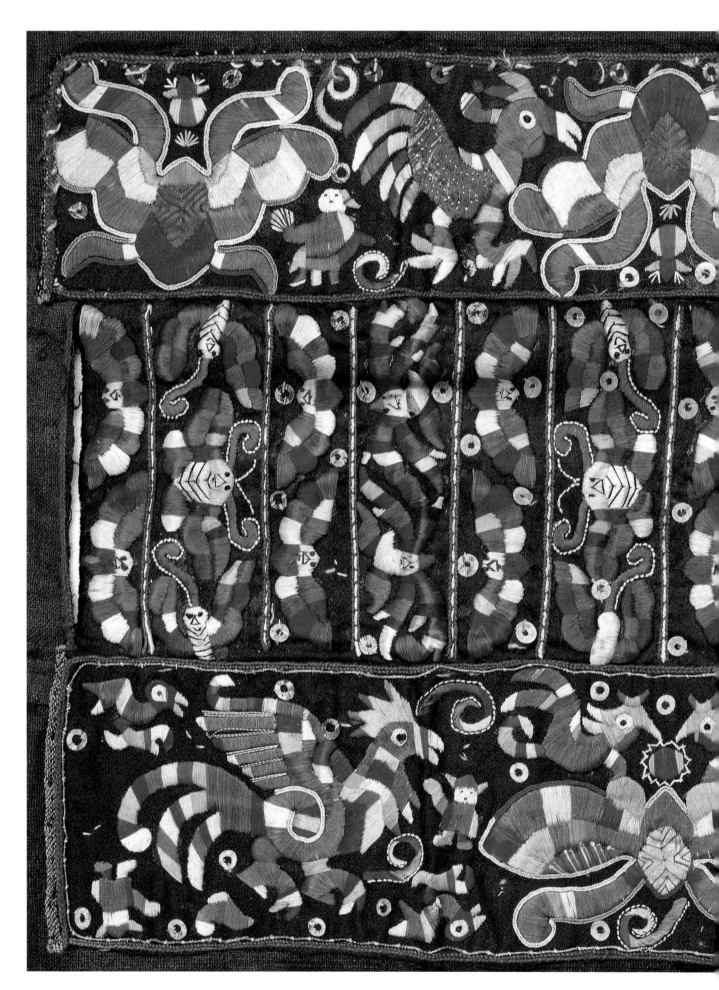

묘족(苗族)자수 소매장식
자수기법: 부선수(剖線繡)
문양: 척우조(鷓宇鳥),
　　　나비엄마[蝴蝶媽媽]

검동남(黔東南) 검하(劍河)

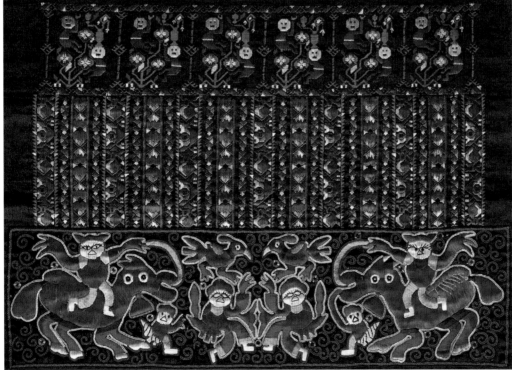

묘족(苗族)자수 소매장식(상)
자수기법: 부선수(剖線繡), 수사수(數紗繡)
문양: 나비

검동남(黔東南) 검하(劍河)

묘족(苗族)자수 소매장식(하)
32.5×32.5cm
자수기법: 부선수(剖線繡), 쇄수(鎖繡), 수사수(數紗繡)
문양: 기사(騎士), 조롱박남매

검동남(黔東南) 검하(劍河)

묘족(苗族)자수 소매장식(상)
30×22cm
자수기법: 부선수(剖線繡), 쇄수(鎖繡)
문양: 용선절(龍船節) 전설

검동남(黔東南) 검하(劍河)

묘족(苗族)자수 소매장식(하)
30×28cm
자수기법: 부선수(剖線繡), 쇄수(鎖繡)
문양: 휴뉴(貅狃), 코끼리

검동남(黔東南) 검하(劍河)

묘족(苗族)자수 소매장식(상)
21×18.5cm
자수기법: 부선수(剖線繡), 수사수(數紗繡)
문양: 동물

검동남(黔東南) 검하(劍河)

묘족(苗族)자수 소매장식(하)
자수기법: 부선수(剖線繡), 수사수(數紗繡)
문양: 남매의 혼인, 신견(神犬), 나비

검동남(黔東南) 검하(劍河)

묘족(苗族)자수 소매장식
28.5×23cm
자수기법: 부선수(剖線繡),
수사수(數紗繡)
문양: 물고기, 용

검동남(黔東南) 검하(劍河)

묘족(苗族)자수 소매장식
자수기법: 부선수(剖線繡),
쇄수(鎖繡)
문양: 대나무쥐, 개구리, 코끼리,
물고기, 단풍나무

검동남(黔東南) 검하(劍河)

묘족(苗族)자수 소매장식(1세트)
26×25cm
자수기법: 부선수(剖線繡), 수사수(數紗繡)
문양: 문자, 동물

검동남(黔東南) 검하(劍河)

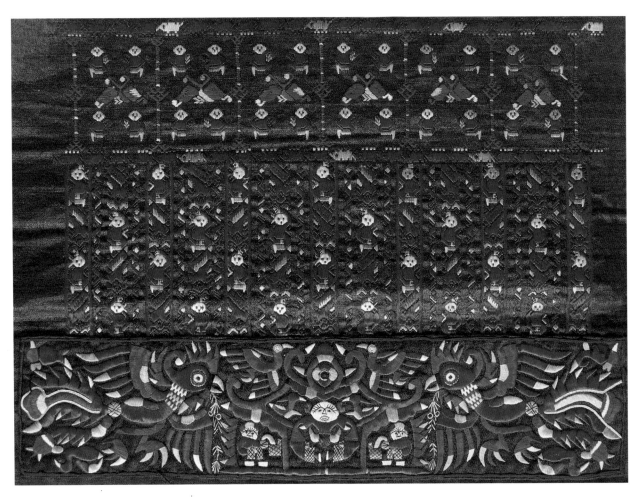

묘족(苗族)자수 소매장식
25.5×24.5cm
자수기법: 수사수(數紗繡), 부선수(剖線繡)
문양: 무당, 수탉, 이로(理老)

검동남(黔東南) 검하(劍河)

묘족(苗族)자수 소매장식
자수기법: 부선수(剖線繡), 수사수(數紗繡)
문양: 강앙(姜央)을 부화한 척우조(鶺宇鳥)

검동남(黔東南) 검하(劍河)

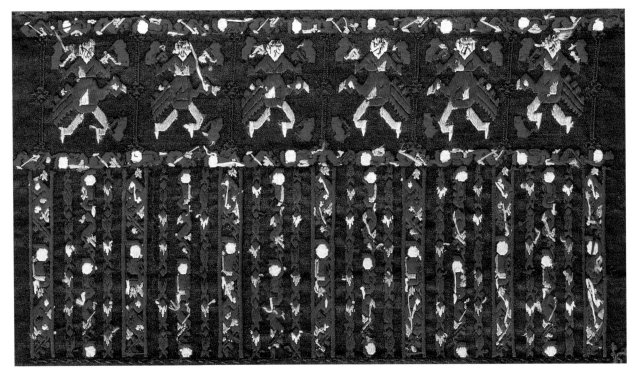

묘족(苗族)자수 소매장식(상)
자수기법: 부선수(剖線繡)
문양: 척우조(鷆宇鳥), 나비, 지네용

검동남(黔東南) 검하(劍河)

묘족(苗族)자수 소매장식(1세트)(하)
17.5×9cm
자수기법: 부선수(剖線繡)
문양: 용, 휴뉴(貅狃)

검동남(黔東南) 검하(劍河)

묘족(苗族)자수 소매장식
30×28cm
자수기법: 부선수(剖線繡), 쇄수(鎖繡)
문양: 금붕어, 휴뉴(貅狃)

검동남(黔東南) 검하(劍河)

묘족(苗族)자수 소매장식
30×29.5cm
자수기법: 부선수(剖線繡), 쇄수(鎖繡)
문양: 사자, 말, 개

검동남(黔東南) 검하(劍河)

묘족(苗族)자수 소매장식
27×30cm
자수기법: 부선수(剖線繡), 쇄수(鎖繡)
문양: 말을 탄 무무식(務茂熄)

검동남(黔東南) 검하(劍河)

묘족(苗族)자수 소매장식
29.5×21cm
자수기법: 부선수(剖線繡), 쇄수(鎖繡), 수사수(數紗繡)
문양: 태양, 지네용

검동남(黔東南) 검하(劍河)

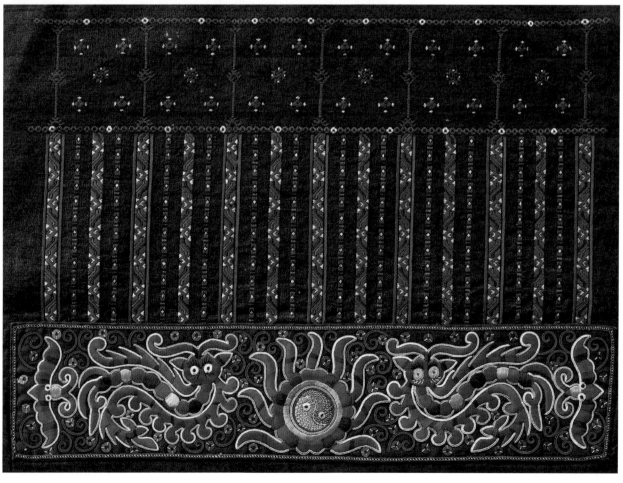

묘족(苗族)자수 소매장식(1세트)
27.5×18cm
자수기법: 부선수(剖線繡)
문양: 용을 소환하는 무무식(務茂媳)

검동남(黔東南) 검하(劍河)

묘족(苗族)자수 소매장식
34×28cm
자수기법: 부선수(剖線繡), 쇄수(鎖繡)
문양: 용, 개구리, 호랑이, 물고기

검동남(黔東南) 검하(劍河)

묘족(苗族)자수 소매장식
40×26.5cm
자수기법: 부선수(剖線繡), 쇄수(鎖繡)
문양: 소, 도롱뇽, 용

검동남(黔東南) 검하(劍河)

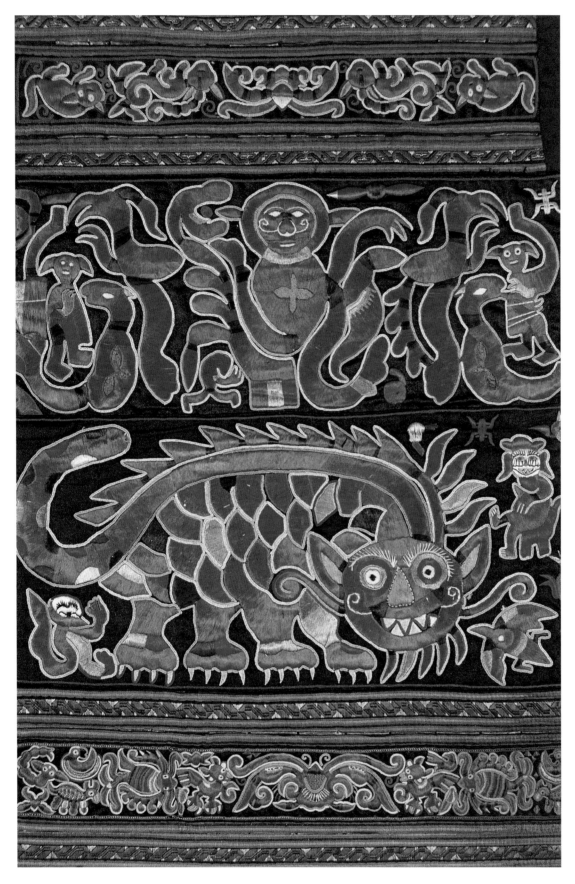

묘족(苗族)자수 소매장식
41×26,5cm
자수기법: 부선수(剖線繡), 쇄수(鎖繡)
문양: 묘족신화

검동남(黔東南) 검하(劍河)

묘족(苗族)자수 소매장식
32.5×28.5cm
자수기법: 부선수(剖線繡), 쇄수(鎖繡)
문양: 용, 새, 물고기

검동남(黔東南) 시병(施秉)

묘족(苗族)자수 소매장식
27×21.5cm
자수기법: 부선수(剖線繡)
문양: 소, 인물, 개구리

검동남(黔東南) 시병(施秉)

묘족(苗族)자수 소매장식
42×26.5cm
자수기법: 부선수(剖線繡), 쇄수(鎖繡)
문양: 바위매를 탄 조롱박남매, 살어절(殺魚節) 전설

검동남(黔東南) 시병(施秉)

묘족(苗族)자수 어깨장식
17.5×17.5cm
자수기법: 부선수(剖線繡), 쇄수(鎖繡)
문양: 지네, 나비, 새

검동남(黔東南) 시병(施秉)

묘족(苗族)자수 소매장식
25×29cm
자수기법: 부선수(剖線繡), 쇄수(鎖繡)
문양: 무무식(務茂媳)

검동남(黔東南) 시병(施秉)

묘족(苗族)자수 소매장식
자수기법: 부선수(剖線繡), 쇄수(鎖繡)
문양: 물고기, 용, 새, 인물

검동남(黔東南) 시병(施秉)

묘족(苗族)자수 소매장식
31×22cm
자수기법: 부선수(剖線繡), 쇄수(鎖繡)
문양: 말, 코끼리, 새, 알

검동남(黔東南) 시병(施秉)

묘족(苗族)자수 어깨장식
16×18.5cm
자수기법: 부선수(剖線繡), 쇄수(鎖繡)
문양: 금붕어, 용, 나비

검동남(黔東南) 시병(施秉)

묘족(苗族)자수 소매장식
자수기법: 부선수(剖線繡), 쇄수(鎖繡)
문양: 코끼리와 새를 탄 사람

검동남(黔東南) 시병(施秉)

묘족(苗族)자수 소매장식(상)
27×22cm
자수기법: 부선수(剖線繡), 쇄수(鎖繡)
문양: 새 두 마리, 개 두 마리, 단풍나무

검동남(黔東南) 시병(施秉)

묘족(苗族)자수 소매장식(하)
32×18cm
자수기법: 부선수(剖線繡), 쇄수(鎖繡)
문양: 사자, 용, 나비, 소머리

검동남(黔東南) 시병(施秉)